プロがやっている

これだけ！
会計＆会社分析

Financial & Managerial Accounting, Corporate Analysis

小宮一慶

日本経済新聞出版

はじめに

　ビジネスパーソンや経営者たちは、会計の基本知識やそれにもとづいた会社分析の方法を知らなければ、経営や事業の状況を把握することも、正しい方向づけを行うこともできません。

　自分の会社や取引先の会社が危ないかどうか。どの事業がどれだけの利益を出し、どれだけの損失を出しているのか。財務の安定性はどうなのか。自社やお客さまの会社の内容を分かっていなければ、正しい判断はできません。株式投資をする場合も、銘柄を選ぶ際に決算状況を表した財務諸表を読めるようにしておけば、損をする確率を下げることができます。

　AI（人工知能）やビッグデータを活用したデジタル・トランスフォーメーション（DX）と呼ばれるデジタル化の急速な進展によってビジネス環境はますます変化が激しくなっており、経営状況を正確に把握する会計や会社分析の知識はいっそう重要になっています。

　しかし、会計や財務諸表という言葉を聞くと、多くの人は「専門家じゃないからよく分からない」「難しそうだ」という印象を持たれるのではないでしょうか。私自身、これまで会計大学院での講義やセミナー、講演会などでたくさんの人たちに会計を教えてきましたが、苦手に思う人が多いなという実感があります。

　しかし、多くの人が思うほど、会計や財務諸表は難しいものではありません。難しいと感じるのは仕分けなどの財務諸表の「作り方」を学ぼうとするからで、大方のビジネスパーソンは読み方が分かればいいのです。

　基本的なルールと読み方はそれほど難しいものではありません。本書をじっくり読めば、財務諸表を読めるようになりますし、仕事

3

で使える会社分析の基本も押さえることができるでしょう。

　本書では、第1章から第4章にかけて、実際の決算書を使いながら、財務諸表の読み方を解説していきます。そして第5章では、ビジネスパーソンが、最低限身につけておくべき「管理会計」の知識について説明します。

　管理会計とは、本書前半で解説する財務諸表で表される「財務会計」と対をなすもので、部門別の採算を計算したり、製品やサービスを提供するときにかかる経費を正確に把握したり、どれだけ売上げをあげれば利益が出るのかといった採算性を調べたりするときなどに役立ちます。これは会社全体だけでなく、個別の事業や工場ごとのパフォーマンスを見る経営のための会計でもあります。

　財務会計と管理会計をしっかり理解したうえで、最後の第6章では、ROE（自己資本利益率）やROA（総資産利益率）、WACC（加重平均資本調達コスト）といった経営を見るうえで重要な指標について解説します。

　本文内の随所に、「一歩踏み込む」というコラムを設けて応用的な分野を取り上げています。こちらもぜひ参考にし、知識を深めてください。

　なお、本書は、ロングセラーとなった日経文庫『これだけ財務諸表』をもとに、大幅に加筆・修正して再構成を行ったものです。

　本書には、私が経営コンサルタントとして、たくさんの会社の経営を見てきた経験から得られた知見をふんだんに盛り込みました。机上の理論ではない実務にもとづいた解説が、きっと読者の皆様のお仕事に活きると信じています。お役に立てば幸いです。

2021年4月

小宮一慶

第2章 貸借対照表を深く読む 53

第 **4** 章

会社に将来性はあるか
──キャッシュ・フロー計算書
133

第5章 経営の成果を測る、会社の値段を計算する
──管理会計、企業価値
163

第 **6** 章
注目の指標で経営を深く読む
──ROE、ROA、資本コスト、EVA
205

会計は何のためにあるのか

会計には3つの種類がある

　会計というと、会社が決算期に発表する決算書、財務諸表を思い起こす人が多いでしょう。財務諸表は、「**財務会計**（Financial Accounting）」のために作成を必要とするもので、会社法や金融商品取引法などの一定のルールにもとづいて作られており、「制度会計」と言われることもあります。

　主に株主や銀行など外部に開示するために、他社と比較して、その会社の安全性、収益性、将来性などの財務内容を見るために作られるもので、決まったルールにもとづいて、貸借対照表、損益計算書、キャッシュ・フロー計算書などが作成されます。第1章〜第4章では、主にこの財務会計を中心に説明します。

　一方、会計には「**管理会計**（Managerial Accounting）」と呼ばれるものがあります。こちらは決まったルールはなく、主に、自社のパフォーマンスを自社内で管理するために使うもので、経営のための会計とも呼ばれます。

　管理会計上の概念としては、1人あたりの生産性や坪あたりの売上げなどから、直接原価計算、EVA（Economic Value Added;経済的付加価値）といった概念まで含まれます。本書では第5章で管理会計について説明します。

　さらに「**税務会計**（Tax Accounting）」もあります。これは、主に税

金を計算するための会計です。財務会計上の利益と税法上の所得（「課税所得」）とには違いがあります。この違いは、主に財務会計上の「費用」と税務会計上の「損金」との間で、認識に違いがあることによって生じます。

　いずれにせよ、管理会計の指標も税務会計の基礎データも、財務会計から得られることが多いので、財務会計をきちんと理解することが、管理会計や税務会計を理解するうえで重要です。

３つの財務諸表の役割

　財務会計では、規則にもとづいて財務諸表を作成することが義務づけられています。先に触れたように、財務諸表の種類は主に3つあり、貸借対照表、損益計算書、キャッシュ・フロー計算書から成ります（ほかに「株主資本変動計算書」があります）。

　貸借対照表とは、会社の資産と、それをまかなうための資金の調達源である負債と純資産の内容を一覧表にしたもの。会社を経営するために保有する現預金や建物などの資産の状況とともに、資産を調達するために必要な資金をどのような形（負債、純資産）で調達しているのかを表しています。詳しくは第1章で説明しますが、貸借対照表からは、主に会社の安全性を知ることができます。

　損益計算書は、会社の収益性を示したもの。四半期ならばその期末までの期間、通年決算なら1年間といった会計期間内に、会社がどれだけの売上高があり、また費用を使い、その結果どれだけのもうけを出したか、また、損失を出したかが、費用の種類、利益の種類ごとに詳しく記載されています。いわば、会社の期間の通知表です。詳しくは第3章で説明します。

　キャッシュ・フロー計算書は、会社の現金の流れを見るためのもの。本業からのキャッシュ・フロー（営業キャッシュ・フロー）や投資

によりどれだけのお金を使い回収したか（投資キャッシュ・フロー）、さらには、財務活動（ファイナンスと株主還元）によって実際にどれだけのキャッシュが出入りしたか（財務キャッシュ・フロー）を示しています。詳しくは第4章で説明します。

1年間の経営成績や資産の状態をまとめた決算

ここで、改めて決算について説明します。**決算とは、ある特定期間の収入や支出などの経営成績、それから決算時点での資産や負債、純資産などの状態を計算すること。**

通常は1年で決算を行いますが、半年、あるいは四半期の場合もあります。多くの会社では月次の決算も行っており、「日次」に決算を行っている会社もあります。この決算期間のことを「会計期間」と呼び、最後の日を「期末」「決算日」と言います。決算日は会社によって異なり、1年の決算においては、決算日が3月の場合を「3月決算」、12月だと「12月決算」と呼びます。

日本の多くの会社は、決算日を3月31日（3月決算）にしていますが、海外子会社を持つ会社や海外企業の子会社となるところも増えつつあり、12月決算も多く見られるようになっています。

一方、百貨店やコンビニ、外食などの小売業の一部は2月決算にしているところが多くあります。小売業は、全国でボーナスが支給される6月と12月にバーゲンセールを行い、顧客を取り込みます。そのうえ、6月と12月は、贈り物や衣料、食材などの消費が活発になるので、小売業にとっては書き入れ時で忙しくなります。ただ、この反動が翌月以降にやってきて、売上げが落ち込みます。

こうした日常業務の忙しさが落ち着いたときに、たな卸を行い、決算を締めてしまおうというわけです。

また、株式を証券取引所に上場している会社については、3カ月

ごとに決算を公表しなければならない「四半期決算」が義務づけられています。東京証券取引所では、迅速に情報を開示してもらうために「決算期末日から45日以内に決算発表をする」という、いわゆる「45日ルール」を定めています。

なぜ財務務諸表を作るのか

先に、財務会計とは、会社の成績や資産状況を外部に開示するための会計だと説明しました。例えば、銀行や投資家などがA社とB社を見比べる場合、2社の財務諸表を調べます。そのとき、2社の財務諸表が同じルールで作られていなければ、比較のしようがありません。

財務会計の大原則は、この「同じ規則にもとづいて作られている」ということ。言い方を変えると、そのルールを知ることが、財務会計を理解するということです。

この財務会計の規則というのは、会社法で定められています。会社法435条2項で、会社は貸借対照表や損益計算書などを作成しなければならないこと、また、会社法の細則で、財務諸表の具体的な作り方などが定められています。

私が企業研修などで会計を教えるとき、「なぜ、会社は財務諸表を作らなければならないのか」という質問を参加者にすることがあります。答えを聞くと、「株主に開示するため」「銀行に会社の業績を示すため」などとしばしば返ってきます。

目的としては、確かにその通りです。しかし、正確な答えは、「法律にもとづいて作らなければならないから」なのです。そこを最初に理解する必要があります。会社である以上、ルールに従った作成義務があるのです。

会社のタイプによって異なるさまざまなルール

　会社法上のルールなので、会社法2条に定める会社でなければ財務諸表を作る必要はありません。例えば、個人経営の商店などは、会社ではないので財務諸表を作らなくてもいいのです（税務申告用に帳簿をつける必要はあります）。

　ところが、私が経営している小宮コンサルタンツは、私を含めて17人の小さな会社ですが、株式会社である以上は財務諸表を作らなければなりません。

　株式を証券取引所に上場している会社は、さらにルールが厳しくなります。会社法のほかに金融商品取引法の規制も受けているため、上場していない会社と比べて、財務諸表の内容が詳細になります。上場会社は、会社法のほかに、金融商品取引法上の会計ルールの適用があるからです。

　例えば、上場企業はキャッシュ・フロー計算書を開示しなければなりませんが、上場していない会社は開示義務はありません。また、上場企業は、株式や債券などの時価がある一部の金融資産について、決算の時点で価値を再評価しなければなりません。これを「時価会計」と言います。

　これらのほかにも、工場や機械、子会社などが思ったほどの利益（キャッシュ・フロー）を生まない場合、貸借対照表上の資産の価値を減らさなければならないという「減損会計」と呼ばれるルールや、将来支払う企業年金や退職金を時価に評価し直して費用化する「退職給付会計」なども、金融商品取引法の規定により上場企業には適用されます（これらについては、第2章で詳述）。

　つまり、上場している会社としていない会社では、財務諸表の開示のルールや細かさが違うのです。上場している会社は、当然のこ

とながら不特定多数の株主がいるので、会社の内容をより細かく開示することで、株主たちが公正に判断できる内容になっています。本書では、会社法上の基本的な会計ルールとともに、上場企業が開示する財務会計についても説明しています。

　さらに説明すると、一部の業種は開示の方法が異なります。例えば、電力会社の財務諸表は、ほかの業種と比べて少し形式が異なります。ふつう、貸借対照表の「資産の部」は、流動資産が上、固定資産が下に並んでいますが、電力会社の場合は、固定資産が上、流動資産が下に表示されています。

　理由はシンプルで、電力会社にとって発電設備などの固定資産は、商品などの流動資産よりも、事業を行う上で重要度が高いからです。また、電力会社の場合には、「核燃料」などほかの業種にはない勘定科目も存在します。

　なお、上場企業であれば、会社のホームページなどで「決算短信」や「有価証券報告書」と呼ばれる書類が公開されており、3つの財務諸表がすべて載っています。本書では、だれでも入手できる上場企業の財務諸表を用いて、説明を進めていきます。

会社の安全性を知る

―貸借対照表

「 貸 借 対 照 表 」 の し く み

　第1章では、貸借対照表の読み方について説明します。

　貸借対照表は、ある時点（期末）の資産、負債、純資産（後に詳しく説明）の内容を表していますが、貸借対照表からは、主に会社が事業活動を続けていけるかどうか、**倒産する危険性**がないかといった**安全性を調べる**ことができます。

　どんなに収益を上げていても、将来性があったとしても、会社がつぶれてしまってはどうにもなりません。だから、緊急時に真っ先に見るべき財務諸表は貸借対照表なのです。もちろん、財務的に余裕がある会社では、資産内容に加えて投資余力なども調べられるし、上場会社の場合には配当の余力も貸借対照表から分かります。

　この章では、貸借対照表の基本的な考え方や安全性の指標について説明します。続く第2章では、勘定科目などごとに、詳細に説明します。まず、経営においてとても大切な、基本的な考え方をきっちりと理解してください。

基本は「資産＝負債＋純資産」

　貸借対照表は、左サイドに「**資産の部**」、右サイドに「**負債の部**」と「**純資産の部**」という作りになっています。まず、これがどういうことを意味しているかを理解することが、貸借対照表を知るうえでは特に重要です。

　みなさんが勤める会社、あるいは経営している会社には、必ず「資産」があります。会社の財産です。銀行に預けている預金や保有している株式だけでなく、パソコン、車、土地、工場、製品を作るための機械、商品の在庫──これらは、すべて資産です。

　貸借対照表の左サイドの「資産の部」には、会社がどのような資産を、どれくらい持っているかがまとめられています。これらは原則、取得したときの価格で載っています（例外はいくつかあるが後述）。

　資産を買うためにはお金が必要です。その資金をどのように調達したかが、右サイドの「負債の部」と「純資産の部」で示されています。もう少し実践的な表現をすると、「左サイド（資産の部）は、お金をどのように運用しているか。右サイド（負債＋純資産）は、そのお金をどのように調達したのか」ということを表しています。負

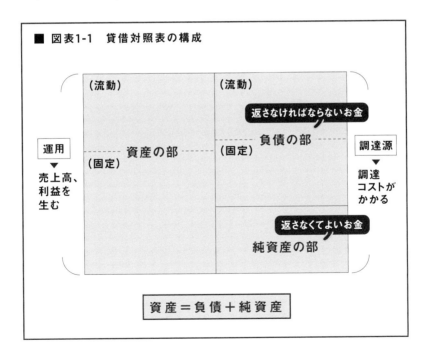

■ 図表1-1　貸借対照表の構成

運用
▼
売上高、利益を生む

（流動）　資産の部　（固定）

（流動）　負債の部　（固定）
返さなければならないお金

純資産の部
返さなくてよいお金

調達源
▼
調達コストがかかる

資産＝負債＋純資産

債と純資産で調達した資金を、資産で運用しているとも言えます。

　ですから、貸借対照表は、左サイドの資産の部と、右サイドの負債の部と純資産の部の合計が必ず一致するようになっています。

　「資産＝負債＋純資産」。これは貸借対照表を見るうえで、もっとも重要な大原則です。このように、左サイドと右サイドが必ず等しくなることから、貸借対照表は**「バランスシート」**とも呼ばれています。

必ず返すお金、返さなくてもよいお金

　では、右サイドにある「負債」と「純資産」の違いは何でしょうか。これは、実践で経営していくうえではとても重要なポイントです。以前、明治大学会計大学院で特任教授として教えていたとき、多くの学生は「純資産は自己資本、負債は他人資本」と答えましたが、これでは不十分。もし、経営者がこういうふうに理解していたら、会社をつぶしかねません。

　実践的には、次のようにおぼえておくのがいいでしょう。**負債は「将来必ず返さなければならないお金」**。純資産は**「返す義務のないお金」**。

　この2つの違いは、会社の安全性を見るうえで必ず頭に入れておかなければならない部分です。会社はどんなときに倒産するのか。答えは「負債が返せなくなったとき」。だから、資産をまかなっているお金のうち、「必ず返さなければならない」負債がどれだけを占めているかが会社を経営するうえで非常に大切なのです（これを見る指標を「自己資本比率」と言います。リーマンショック、東日本大震災、新型コロナウイルス禍など、自社でコントロールできない経済の激変が起こることがありますが、その際に自己資本比率の低い会社は一気に倒産ということになりかねないし、実際にそうなった会社も少なくありません。自己資本比率

をある基準より上に保つことが大切。後で詳述）。

　純資産は、法律上は株主のもので、会社を解散しない限り返す義務はありません。繰り返しますが、**会社は負債が返済できなくなってつぶれます。純資産が返せなくてつぶれることはありません**。ここは、貸借対照表を見るうえでもっとも大切な部分なので、しっかりと理解しておく必要があります。

1年という基準で分かれる資産

　大まかな構造が分かったところで、貸借対照表の中身をもう少し詳しく説明していきます。ここではJR東海（東海旅客鉄道）の貸借対照表を例にとります（図表1-2）。

　資産の部を見ると、「**流動資産**」と「**固定資産**」の2つに分けられています。JR東海では令和2年（2020年）3月期で流動資産が3兆3,826億8,200万円、固定資産が6兆2,204億4,300万円、両者の合計が資産合計（9兆6,031億2,600万円）となります。さすがに巨大企業です（数字を追いながら確認してくださいね）。

　流動資産とは、正確に言うと、通常の営業循環内で使ったり回収したりする資産のこと。つまり、通常のビジネスを行うサイクル内に使ってしまう、あるいは回収予定のものです。1年以内という「ワンイヤールール」が存在しますが、必ずしもそうではない場合もあります。

　例えば、資産の部の中には原材料などの「たな卸資産」というものがあります。これらは、場合によっては2年持ち続けるかもしれません。それでも、通常の営業循環内で使う予定であれば、流動資産に含まれます。

　また、「受取手形及び売掛金」という勘定科目があります。企業間で商品を売ったりサービスを提供したりする場合、現金で決済を

■ 図表1-2　JR東海　2020年3月期　貸借対照表(資産の部)

資産の部	前連結会計年度 (平成31年3月31日)	当連結会計年度 (令和2年3月31日)
➡流動資産		
現金及び預金	587,867	406,408
➡中央新幹線建設資金管理信託	2,670,591	2,435,015
受取手形及び売掛金	58,085	48,206
未収運賃	54,760	39,727
有価証券	158,300	353,500
たな卸資産	46,358	43,923
その他	54,792	55,915
貸倒引当金	△61	△14
流動資産合計	3,630,692	3,382,682
➡固定資産		
➡有形固定資産		
建物及び構築物(純額)	1,447,619	1,416,829
機械装置及び運搬具(純額)	240,018	217,844
土地	2,354,886	2,354,868
建設仮勘定	616,395	890,016
その他(純額)	47,753	45,639
有形固定資産合計	4,706,673	4,925,199
➡無形固定資産	77,571	91,141
➡投資その他の資産		
投資有価証券	676,420	846,723
退職給付に係る資産	7,939	3,433
繰延税金資産	170,574	176,899
その他	31,558	179,287
貸倒引当金	△5,685	△2,241
投資その他の資産合計	880,807	1,204,102
固定資産合計	5,665,052	6,220,443
資産合計	9,295,745	9,603,126

単位:百万円

することはほとんどありません。そこで、売ったけれども回収していない資金を「受取手形」や「売掛金」として計上し、数カ月後にお金を受け取ります。ただ、業種によってはまれに非常に長い手形を振り出されることがあり、1年半後などにお金を回収する場合があります。それでも、通常のビジネスの営業循環内で入ってくるお金なので、すべて流動資産に含まれます。

　このような例外はありますが、多くの場合は1年以内に使う、あるいは回収予定のものであることが多いのです。

　JR東海で特徴的なのは「中央新幹線建設資金管理信託」という勘定科目です。これは、のちに負債の部に出てくる「中央新幹線建設長期借入金」とセットの科目ですが、政府がリニア新幹線建設のために資金の貸出しを行い、そこで得た資金を別勘定で管理して、建設資金を出していることを表しています。

　一方、「**固定資産**」というのは、長期にわたって使う予定のもの。JR東海では、先にも見たように6兆2,204億4,300万円。流動資産以外はすべて固定資産に入ります。もう少し詳しく見ていくと、固定資産は「有形固定資産」と「無形固定資産」「投資その他の資産」に分かれています。

　「有形固定資産」とは、文字どおり、形のある資産、触れられる資産です。JR東海の場合、4兆9,251億9,900万円あります。そこには建物や土地、機械などが含まれます。JR東海の場合には、土地が2兆円以上あり一番大きいのが分かります。

　「無形固定資産」は、触れられない資産。特許権やソフトウエアなどが入ります。純資産よりも高い額で会社を買収した場合に発生する「のれん」なども含まれます。JR東海の場合、無形固定資産の合計で911億4,100万円です。

　「投資その他の資産」は投資有価証券などです。1兆2,041億200万円あります。

　ただし、資産の部の内容は、業種や会社によってかなり異なります。例えば鉄道会社だと、事業を行ううえで土地や駅舎、車両などが必要になるので、そのような勘定科目が大きくなることに加えて、固定資産の比率が高くなります。

　また、先に触れたとおり、電力会社には核燃料という勘定科目がある場合があります。一方、卸売業や小売業などは、仕入れがなければ商売ができませんので、たな卸資産が多くなります。また、資

金の回収までにタイムラグがあることから、受取手形及び売掛金などが多くなり、流動資産がふくらむ場合も多いのです。

利息の付く負債と付かない負債

　負債の部も、資産の部と同じように「**流動負債**」と「**固定負債**」に分かれています。JR東海では、流動負債が6,256億8,200万円、固定負債が5兆1,053億4,100万円です。ただ、こちらはワンイヤールールがかなり厳格に守られていて、**1年以内に返済する義務のある負債を流動負債と呼び、1年を超えて返済する義務のある負債のことを固定負債と呼んでいます。**

　先ほど、負債とは「返さないといけないお金」だと説明しましたが、厳密には、お金だけではありません。将来提供しなければならないサービスなども含まれます。

　例えば、建設会社が工事を受注した場合、一部のお金を先に受け取ることが多いのですが、その後、建物などを建てなければなりません。それも「前受収益」として負債に計上されます。ただし、もしそれができなかったら、お金を返さなければならないので、結局は「返さなければならないお金」という説明でも間違いはありません。

　もう1つ、負債の部を見るうえで大切なポイントがあります。それは、利息を付けて返す「**有利子負債**」と、利息がいらない「**無利子負債**」があるということ。銀行から借り入れたり、社債を発行したりした場合は、そのお金は利息を付けて返さないといけません。これらを有利子負債と呼びます。リース債務も有利子負債となります。

　JR東海の場合、流動負債では「短期借入金」「1年内償還予定の社債」「1年内返済予定の長期借入金」などです。固定負債では「社

債」「長期借入金」「中央新幹線建設長期借入金」などです。

この「中央新幹線建設長期借入金」は、政府からの借入れです
が、資産のところで説明した「中央新幹線建設資金管理信託」の原

■ 図表1-3　JR東海　2020年3月期　貸借対照表（負債の部、純資産の部）

	前連結会計年度 （平成31年3月31日）	当連結会計年度 （令和2年3月31日）
負債の部		
➡流動負債		
支払手形及び買掛金	76,348	78,825
短期借入金	28,392	29,497
1年内償還予定の社債	-	30,000
1年内返済予定の長期借入金	110,493	54,969
1年内返済予定の株式給付信託長期借入金	5,400	5,400
1年内に支払う鉄道施設購入長期未払金	5,444	5,783
未払金	170,457	181,167
未払法人税等	105,698	83,575
前受金	57,762	41,853
預り金	16,963	50,348
賞与引当金	28,716	28,440
その他	44,583	35,822
流動負債合計	650,260	625,682
➡固定負債		
社債	773,293	818,786
長期借入金	423,438	403,819
中央新幹線建設長期借入金	3,000,000	3,000,000
株式給付信託長期借入金	9,700	4,300
鉄道施設購入長期未払金	538,451	532,666
新幹線鉄道大規模改修引当金	140,000	105,000
退職給付に係る負債	194,347	190,774
その他	58,188	49,994
固定負債合計	5,137,419	5,105,341
負債合計	5,787,679	5,731,023
純資産の部		
株主資本		
資本金	112,000	112,000
資本剰余金	53,497	53,486
利益剰余金	3,387,569	3,755,901
自己株式	△116,912	△111,615
株主資本合計	3,436,154	3,809,772
その他の包括利益累計額		
その他有価証券評価差額金	33,024	20,729
退職給付に係る調整累計額	2,116	1,331
その他の包括利益累計額合計	35,140	22,061
非支配株主持分	36,770	40,269
純資産合計	3,508,065	3,872,103
負債純資産合計	9,295,745	9,603,126

単位:百万円

資となっており、もともと3兆円借りた資金から、建設資金分が使われて減少していることを表しています。

　一方で、先にサービスや物品などを受け取って、将来支払わなければならないお金である「支払手形及び買掛金」には、利息を付ける必要はありません。また、将来、社員に支払わなければならない退職年金や退職金（「退職給付に係る負債」1,907億7,400万円）も、無利子の負債としてここに計上されています。

　負債額が多いと、有利子であろうが無利子であろうが返済資金に困ることになりかねませんし、あまりにも有利子負債がふくらんでしまうと支払利息がかさんでしまいますから、会社の安全性が悪化します。さらには、有利子負債のほうが、返済期日などの条件が厳しいことが多いのです。

　ですから、負債総額とともに有利子負債がどのくらいあるかということも、大切なチェックポイントとなります。

会社はどうなると倒産するか

　貸借対照表は、主に会社の安全性を見るためのものですが、その見方を具体的に学ぶ前に、もっとも大切なポイントをもう一度説明しておきます。

　復習になりますが、会社はどのようなときに倒産するのでしょうか。そう、「負債が返済できなくなったとき」。資金繰りに困り、支払うべき資金がなくなったときです。倒産に直結する「支払うべきお金」の大部分は負債です。会社は、負債が多くなっただけではつぶれません。**負債が返せなくなったときにつぶれる**のです。

　より正確に言うと、負債の中でも、返済期限の近い「**流動負債**」が返済できなくなったときにつぶれます。流動負債とは、1年内に返済しなければならない負債だと先に説明しました。

　この中には、買ったけれどもまだお金を支払っていない「買掛金」や「支払手形」、1年以内に返さなければならない「短期借入金」などが含まれています。これらが返済できなくなると、会社は即座に倒産の危険性が高まります。

　特に怖いのは、銀行から借りているお金である「短期借入金」や銀行で決済される「支払手形」などの決済ができなくなる場合。もし、手形の決済や借入金の返済が二度滞ってしまうと、銀行との取引が停止されます。ここで、事実上の倒産となるのです。

　会社の安全性を見極めるためには、この点をしっかり押さえておかなければなりません。短期的な安全性を見る具体的な指標（「流動比率」など）はこの後、説明します。

実際の決算書で 分析してみよう

中長期的な安全性を調べる

　安全性について、指標を解説しながらもう少し詳しく説明していきます。ここからも、JR東海の2020年3月期の貸借対照表を例にとります。

　先ほど、貸借対照表からは会社の安全性を調べることができると説明しましたが、具体的にはいくつかの指標を計算します。1つは「自己資本比率」。計算式は、以下のとおりです。

$$自己資本比率 = 純資産（自己資本）÷ 資産$$

　自己資本比率は、資産をまかなっているお金のうち、返す必要がない純資産の比率を表しており、会社の中長期的な安全性を示す指標です。

　もし負債がなく、すべてが純資産（≒自己資本、次々ページ参照）であれば、お金を返す必要がまったくないのですから、安全性が非常に高いと言えます。資産全体に対する負債の割合が、会社の安全性に大きくかかわっているのです。

　JR東海の場合は、以下のように計算できます（図表1-2、1-3参照）。

　　自己資本合計3兆8,318億3,200万円 ÷
　　資産合計9兆6,031億2,600万円 ＝ 自己資本比率39.9%

　では、この数字はどのように評価すればよいのでしょうか。

自己資本比率はいくらあればよいのか

　一般的な基準としては、**製造業のように工場や建物などの固定資産を多く使う会社の場合は、最低でも20%以上あるのが望ましい**でしょう。

　また、**商社や卸売業のように、在庫などの流動資産を多く使うような会社は、15%以上あればまずは合格**です。反対に、銀行や保険、証券などの金融を除くあらゆる業種で、10%未満だと安全とは言えません。金融業はお金を扱っているので、自己資本比率が10%を切っていても資金繰りは回ります。それ以外の業種は10%以下になると過小資本だと判断するべきです。

　ただし、これはあくまでも一般的な基準です。景気変動により業績が大きく変わりやすい業種の場合には、自己資本比率をもう少し高めに保っておくことが望ましいでしょう。

株主資本、自己資本、純資産の違い

2006年5月に「**会社法**」が施行されました。旧来の商法第二部の「会社」を分離、刷新したものですが、会社の設立や解散、運営や資金調達など、いわゆる「会社の仕組み」を定めた法律です。この中の細則で、貸借対照表の表示の仕方が新しく規定されました。同時に「株主資本」「自己資本」「純資産」の違いが明確になりました。

会社法が施行される前までは、これら3つは同じものと見なされがちでした。ざっくりと「株主資本＝自己資本＝純資産」と考えられており、境い目があいまいだったのです。

それが、会社法では明確に定義され、純資産の部は、「①**株主資本**」「②**評価・換算差額**（その他の包括利益累計額）」「③**新株予約権**」「④**非支配株主持分**」という4つのセクションに分けられます。

これらをまとめると、次のようになります。

株主資本 ＝ ①株主資本

自己資本 ＝ ①株主資本 ＋ ②評価・換算差額

純資産　 ＝ ①株主資本 ＋ ②評価・換算差額

　　　　　 ＋ ③新株予約権 ＋ ④非支配株主持分

ROE（自己資本利益率。第6章で詳述）を計算する場合、0.1％の違いまで考える必要があるので、純資産のうちどこまでが既存の株主に帰属するものなのかを厳密に考えるべきです。そのため、「純利益÷自己資本（＝①株主資本＋②評価・換算差額）」の式が採用されています。上場企業などで、正確に自己資本比率を計算する際には、純資

産の一部である「自己資本」を資産で割ったものを用います（上場企業が開示する決算短信などではこの計算式が使われています）。

　ここで、先に紹介した自己資本比率について考えます。自己資本比率は、以下の式で計算されるのでした。

- -

自己資本比率 ＝ 自己資本 ÷ 資産

- -

　ここで自己資本は、純資産のうち、「株主資本」と「評価・換算差額（その他の包括利益累計額）」（つまり、純資産から「新株予約権」と「非支配株主持分」を除いたもの）を指します。株主資本と自己資本、純資産の違いは下記の図表のとおりです（純資産の勘定科目の詳細な説明は後述）。

　ただ、多くの会社では、新株予約権と非支配株主持分はそれほど

■ 図表1-4　株主資本、自己資本、純資産の違い

純資産の部		呼び方		
❶株主資本	資本金	株主資本 ＝ ❶	自己資本 （株主持分） ＝ ❶＋❷	純資産 ＝ ❶＋❷＋ ❸＋❹
	資本剰余金			
	利益剰余金			
	自己株式			
❷評価・ 換算差額	その他有価証券評価差額金			
	繰延ヘッジ損益			
	為替換算調整勘定			
❸新株予約権	新株予約権			
❹非支配株主持分	非支配株主持分			

大きくないので、「自己資本≒純資産」と考えても問題はありません。特に中小企業の場合は、新株予約権や非支配株主持分がないことも多く、「純資産÷資産」で計算しても問題ありません。

　JR東海の場合も、新株予約権はなく、非支配株主持分も402億6,900万円と3兆8,000億円を超える純資産のごくわずかですので、自己資本を分子とした自己資本比率は39.9%、純資産を分子として計算した場合には40.3%と大きな差は出ません。

業種ごとに基準が違う

　自己資本比率に限らず、財務諸表を見る際には、業種によって水準が異なったり、業種特有のクセがあったりすることに注意が必要です。8割方の会社は先ほどの基準が当てはまりますが、一部、例外的な業種もあります。

　例えば、原発事故前の東京電力（平成22〈2010〉年3月期）の自己資本比率は18.7%しかありません。固定資産を多く要する会社は20%以上あるかどうかが基準ですから、少し低い水準です。

　通常時の電力会社や電鉄会社などは固定資産を多く使用しますが、収益が比較的安定し、かつ日銭が安定して入ってくるために、高い自己資本比率を必要としないのです（ただし、原発事故で危機的状況に陥ったのはご存じのとおり。10%程度の自己資本比率では、危機時には対応できないことも少なくありません）。

　会計を学ぶうえでまず頭に入れるべきことは、**①定義をきちんと知ること、②一般的な基準値を知ること、③業種別の基準を覚えること**。定義と基準値、そしてその応用を知ることで、本当の意味で会計の知識を「使える」ようになります。読者のみなさんも、自社

や自業界の会社の貸借対照表を 3 期分ほど見て、数字の「クセ」を
理解してください。

短期的な安全性を見る指標①　「流動比率」

　自己資本比率が高ければ会社がつぶれないというわけではありま
せん。例えば、自己資本比率が60％あっても、決算後、3 カ月程度
でつぶれてしまう会社もあります。返済期限の近い流動負債をたく
さん抱えているのに、すぐに支払いにあてられる現預金などの資産
（特に流動資産）が少ない場合は、支払いができなくなってしまうか
らです。

　先ほど、自己資本比率は中長期的な安全性を示す指標だと説明し
ましたが、正確には「**短期的な安全性がクリアされている場合は、
中長期的な安全性が保たれる**」ということです。

　では、短期的な安全性はどのように調べればいいのでしょうか。
これには短期的な負債返済能力を調べる必要があります。いくつか
手法がありますが、1 つめの指標は「**流動比率**」です。次の式で計
算されます。

流動比率 = 流動資産 ÷ 流動負債

　何度も繰り返しますが、会社は負債が返済できなくなったとき、
正確には流動負債が返済できなくなったときにつぶれます。そこ
で、流動負債に対する流動資産の比率を計算することで、短期的な
安全性を見ます。

　JR東海で実際に計算してみましょう。

■ 図表1-2（再掲）　JR東海　2020年3月期　貸借対照表（資産の部）

資産の部	前連結会計年度 （平成31年3月31日）	当連結会計年度 （令和2年3月31日）
➡流動資産		
現金及び預金	587,867	406,408
中央新幹線建設資金管理信託	2,670,591	2,435,015
受取手形及び売掛金	58,085	48,206
未収運賃	54,760	39,727
有価証券	158,300	353,500
たな卸資産	46,358	43,923
その他	54,792	55,915
貸倒引当金	△61	△14
流動資産合計	**3,630,692**	**3,382,682**
固定資産		
有形固定資産		
建物及び構築物（純額）	1,447,619	1,416,829
機械装置及び運搬具（純額）	240,018	217,844
土地	2,354,886	2,354,868
建設仮勘定	616,395	890,016
その他（純額）	47,753	45,639
有形固定資産合計	**4,706,673**	**4,925,199**
無形固定資産	77,571	91,141
投資その他の資産		
投資有価証券	676,420	846,723
退職給付に係る資産	7,939	3,433
繰延税金資産	170,574	176,899
その他	31,558	179,287
貸倒引当金	△5,685	△2,241
投資その他の資産合計	**880,807**	**1,204,102**
固定資産合計	**5,665,052**	**6,220,443**
資産合計	**9,295,745**	**9,603,126**

単位:百万円

　流動資産3兆3,826億8,200万円 ÷ 流動負債6,256億8,200万円
　　＝流動比率540.6%

　一般的には120%あれば安全だと判断されるので、同社はかなり
高い水準だと言えます（「中央新幹線建設資金管理信託」が2兆4,000億円
強あるのが大きく影響していますが、それがなくても151%あり十分適正水準
です）。

■ 図表1-3（再掲）　JR東海　2020年3月期　貸借対照表（負債の部、純資産の部）

	前連結会計年度 （平成31年3月31日）	当連結会計年度 （令和2年3月31日）
負債の部		
➡流動負債		
支払手形及び買掛金	76,348	78,825
短期借入金	28,392	29,497
1年内償還予定の社債	-	30,000
1年内返済予定の長期借入金	110,493	54,969
1年内返済予定の株式給付信託長期借入金	5,400	5,400
1年内に支払う鉄道施設購入長期未払金	5,444	5,783
未払金	170,457	181,167
未払法人税等	105,698	83,575
前受金	57,762	41,853
預り金	16,963	50,348
賞与引当金	28,716	28,440
その他	44,583	35,822
流動負債合計	650,260	625,682
固定負債		
社債	773,293	818,786
長期借入金	423,438	403,819
中央新幹線建設長期借入金	3,000,000	3,000,000
株式給付信託長期借入金	9,700	4,300
鉄道施設購入長期未払金	538,451	532,666
新幹線鉄道大規模改修引当金	140,000	105,000
退職給付に係る負債	194,347	190,774
その他	58,188	49,994
固定負債合計	5,137,419	5,105,341
負債合計	5,787,679	5,731,023
純資産の部		
株主資本		
資本金	112,000	112,000
資本剰余金	53,497	53,486
利益剰余金	3,387,569	3,755,901
自己株式	△116,912	△111,615
株主資本合計	3,436,154	3,809,772
その他の包括利益累計額		
その他有価証券評価差額金	33,024	20,729
退職給付に係る調整累計額	2,116	1,331
その他の包括利益累計額合計	35,140	22,061
非支配株主持分	36,770	40,269
純資産合計	3,508,065	3,872,103
負債純資産合計	9,295,745	9,603,126

単位:百万円

〈基準〉流動比率

　一般的には120%くらいあれば、当面の資金繰りは問題ないと言える。ただし、後に述べるように業種により例外が多く、自社や自業界の特徴を把握することが重要。

短期的な安全性を見る指標②　「当座比率」

　流動比率同様、短期的な安全性を調べるための指標に「**当座比率**」があります。流動比率をより厳しめに見ている指標です。米国などでは「Quick Ratio」と言って、かなり重視されています。

　次の式で計算されます。

$$当座比率 ＝ 当座資産 ÷ 流動負債$$

　流動資産の中でも、より現金化しやすい資産のことを「当座資産」と言います。具体的には、「現金及び預金」「受取手形及び売掛金」「有価証券」です。正確には、これら3つの勘定科目から「貸倒引当金」を差し引いたもの。貸倒引当金は受取手形及び売掛金のうち、回収できない可能性が高いものです。

　この当座資産を流動負債で割ったものが当座比率です。この指標は、一般的に90%以上あれば十分安全だと判断されます。JR東海の当座比率を計算してみましょう（図表1-2、図表1-3参照）。

　（現金及び預金4,064億800万円

　　＋中央新幹線建設資金管理信託2兆4,350億1,500万円

　　＋受取手形及び売掛金482億600万円

　　＋未収運賃397億2,700万円

　　＋有価証券3,535億円

　- 貸倒引当金1,400万円）
　÷ 流動負債6,256億8,200万円
　　= 当座比率524.6%

　これも先ほどの流動比率同様、中央新幹線建設資金管理信託の数字に大きく影響されていますが、その数字を差し引いても100%を優に超えているので、十分安全だと言えます。

〈基準〉当座比率

　90%以上あれば安全。ただ、自己資本比率や流動比率と同様、業種によって水準が異なる。8割方の会社については、90%以上あれば安全という判断基準で間違いないが、残り2割の会社については当てはまらない。

流動比率や当座比率が低くても心配ない業種

　流動比率が低くても、資金繰りが十分に回る会社が存在します。それにはいくつかの条件があり、1つは日銭が入ってくること、もう1つは業績が安定していること。例えば、ガス会社、鉄道会社、原発事故以前の電力会社などが当てはまります。ただし、いくら日銭が入ってきても、業績が大きくぶれる会社は当てはまりません。

　新型コロナウイルス感染拡大の影響で電鉄会社の収益は大きく変動しましたが、通常の場合、電鉄会社では流動比率（当座比率）がかなり低くても短期的安全性には問題がありません。50%を切っていても問題がない場合が多いのです。

　電車に乗るとき、ツケで乗る人はふつういません。後払いもなくはないですが、全体の比率からするとほんのわずかです。さらに言うと、定期券やICカードなどは先払いですから、資金が潤沢にあ

ります。

　また、そもそも電鉄会社は、流動比率が小さくなる傾向がありま
す。1つめの理由は、たな卸資産がほとんどないこと。鉄道を動か
すための電気はためることができないので、在庫や原材料などのた
な卸資産を持つ必要がありません。また、ツケで電車に乗る人がほ
とんどいないことから、受取手形及び売掛金も少ないのです。

　2つめの理由は、鉄道事業は土地や建物、線路、電車などの固定
資産がすごくかかるということ。だから、余剰資金があると固定資
産の購入に回されて、流動資産の割合がさらに小さくなってしまい
ます。

　3つめの理由は、消耗品の購入などで買掛金や短期借入金などは
通常の会社のように発生するため、流動負債がそれほど小さくない
ということ。

　このように、流動資産が流動負債に比べて小さくなりやすい傾向
があるため、流動比率が極端に小さくなるのです。それでも電鉄会
社は安定的にお金が入ってくるので、短期的な安全性には問題があ
りません。

流動比率が高くても資金繰りが厳しい業種

　電鉄会社のように、流動比率がすごく低くても回る会社がある一
方で、流動比率が高くないと事業が続かない会社もあります。それ
は、どんな会社でしょうか。ヒントは、まだ回収していないお金
（受取手形及び売掛金）が多く、支払いを猶予されている金額（支払手
形及び買掛金）がほとんどない業種です。

　答えは、病院。病院は会社ではないので、財務諸表は公開されて
いないところが多いのですが、こういう業種もあるということを覚
えておくとよいでしょう。

　病院の収入は、一般的には7割を保険に請求するので、現金商売ではありません。患者さんが窓口で3,000円を支払っても、元の値段は1万円です。ですから、自動的に7,000円が売掛金となり、1カ月半後くらいに回収されます。

　その一方で、病院は支払いが猶予されるお金（支払手形及び買掛金）が薬や設備の一部に限られ、あまりありません。病院の費用でもっとも大きなものは医師や看護師などの人件費ですが、いくら収入が7割回収できないからといって、給料の7割分の支払いを延ばそうというわけにはいかないのです。

　すると、資金負担がとてもかかります。業績が良く売上高が上がれば上がるほど、売掛金がふくらむことになります。

　病院以上に資金負担がかかるのは、在宅介護の会社です。介護保険では、自己負担が1割で、残りの9割は市町村などに請求しなければならないからです。病院同様、取りっぱぐれはありませんが、売上高の9割を回収できるのは1カ月半後くらいで、売掛金がふくらみます。

　そのため、在宅介護の会社は、大きくなればなるほど、売掛金の資金負担が重くのしかかることになります。

　すると、売掛金は流動資産なので、流動比率が非常に高くなります。初心者が分析するとすごく良い財務内容に見えるかもしれませんが、実は、売掛金で資金負担が重たい状態になっているというわけです。

自己資本比率50％、流動比率150％でも倒産する会社

　私が明治大学会計大学院で教えていたころ、学生に「決算時に自己資本比率が50％、流動比率も150％程度あった会社が、決算後3カ月ほどで倒産することがある。どんな場合か」と質問したら、「粉飾ですか」という答えが返ってきました。

　もちろん、粉飾なら倒産はありえますが、粉飾でなくても倒産することはあります。

　それは、資産が少ない会社。例えば、当社のようなコンサルティング会社は、資産を多く持ちません。事務所は賃貸だし、工場などの設備投資もありません。人材は「人財」で資産だと言われますが、会計上の資産ではもちろんありません。そうするとバランスシートの両サイドともに小さくなります。ソフトウエア会社などの一部もそうです。

　そういう会社は、資産がいらない代わりに、人件費などの月々の費用の支払いが比較的大きくなります。そうすると、決算時点では自己資本比率や流動比率が良い数字でも、決算後、急激な景気の悪化などで売上げが急減すると、費用を支払えなくなることがあり、倒産や廃業ということにもなりかねないのです。

　そこで、次に説明する、「手元流動性」や後に説明する「資産回転率（売上高÷資産）」のような、貸借対照表だけでなく、損益計算書の数字も組み入れた指標が重要になります。

会社が窮地に陥ったときは「手元流動性」

資金繰りに困り、倒産の危機に瀕している会社があるとします。この会社を分析するときに、私が真っ先に見るのは「**手元流動性**」という指標です。これは、**流動比率や当座比率よりもさらに短期的なスパンで資金繰りが回るかどうかを調べるための数字**です（貸借対照表は、場合によっては数カ月前のものかもしれないので、現時点での手元流動性を確認するのが鉄則）。

会社は、流動負債を返せなくなったときにつぶれると説明してきました。反対に言えば、債務超過（純資産がマイナスのこと。後述）になっても、支払いに必要なお金さえあればつぶれません。そこで、すぐに使えるお金がどれだけあるかを示す指標である「手元流動性」を見ます。

手元流動性は、次の式で計算されます。

手元流動性
＝（現預金＋有価証券などのすぐに売れる資産
　　＋すぐに調達できる資金）÷月商

現預金と有価証券（主に流動資産に属するもの）は貸借対照表に載っていますが、借入れや増資の可能性などすぐに調達できる資金は貸借対照表からは分かりません。

貸借対照表から手元流動性を求める場合は、現預金と流動資産の有価証券の合計が月商の何カ月分あるかを計算します。この手法がもっとも実務的で確実。特に、危機に瀕した会社では、借入れなどですぐに調達できる資金がほとんどないのが実情だからです。

手元流動性を評価する基準は、**大企業の場合は月商の1カ月分**。

JASDAQ、東証２部上場くらいの規模だと1.2〜1.5カ月分。中小企業の場合は1.7カ月分ほどあれば安全だと私は考えています。企業規模が大きいほど手元流動性が少なくても大丈夫なのは、銀行や市場などから資金を調達できるスピードが違うからです（コロナ危機のときも、大企業が発行するCP〈コマーシャル・ペーパー：短期の社債〉を日銀が買い入れると表明しました）。

　ただ、金融危機やコロナ禍など大きな景気後退がやってきたときなどは、それよりさらに手元流動性を増やしておくとよいでしょう。金融機関などからすぐに資金が調達できるかどうか不明だからです。会社が危機に陥ったとき、本当に頼りになるのは、自社でコントロールできる資金だけなのです。

　これはとても大切なことです。会社はお金がなくなってつぶれる。私は、マクロ経済の分析も仕事で行っているため、セミナーなどでは、景気が後退しそうなときには、経営者に「手元流動性をふだんより多めにしておくように」とアドバイスをすることがあります。リーマンショックのときも、コロナ危機のときもそうでした。保険として手元流動性を多めに持つことが必要なのです。

　例題として、JR東海の手元流動性を計算してみましょう（図表1-2、図表1-3参照）。同社の１年間の売上高は１兆8,446億4,700万円です。12カ月で割って、月商は1,537億2,000万円となります。それを先ほどの計算式に代入すると、次のようになります。

　　現金及び預金4,064億800万円
　　　＋中央新幹線建設資金管理信託２兆4,350億1,500万円
　　　＋有価証券3,535億円）
　　　÷月商1,537億2,000万円
　　　　＝手元流動性20.7カ月分

　JR東海の手元流動性は、20カ月分以上あります。中央新幹線建設資金管理信託を除いても4.9カ月分以上あり、潤沢な手元流動性を保有していると言えます。

経営者が安心できる水準を保つ

　先に手元流動性の基準を説明しましたが、実務的には、「経営者自身が安心できる数字」ということを私はおすすめしています。先の基準をクリアしたうえで、自分が安心できる数字です（これは、自己資本比率や流動比率なども同じ）。

　経営コンサルタントとして多くの経営者を見てきましたが、資金繰りがしんどくなると、精神的に余裕をなくす人も少なくありません。「顧客第一」を掲げながらも「資金繰り第一」になり、顧客を忘れるので、余計に業績が悪化するという悪循環になりかねません。

　そういった観点からも、常に手元流動性を十分に持ち、資金繰りの心配がない会社を作ることが大切です（そのためには「顧客第一」や「マーケティング」の考え方が重要。それについては拙著『小宮一慶の実践！マーケティング』〈日本経済新聞出版〉を参考にしてください）。

「手元流動性→流動比率・当座比率→自己資本比率」の順に見る

　自己資本比率、流動比率、当座比率、手元流動性という4つの指標について説明しました。ただ、この4つを単純に計算しただけで判断してはいけません。**会社の安全性を見る場合は、「現金に近いところから見ていく」というのが大原則**だからです。緊急性の高い順、つまり短期的な指標から見ていかなければなりません。

　次の順です。

① 手元流動性
② 流動比率あるいは当座比率（どちらか1つでかまわない）
③ 自己資本比率

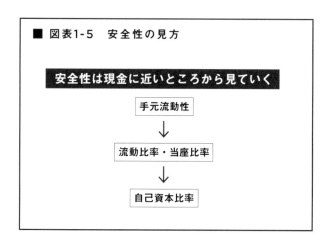

かつて、私の顧客でも、優先順位を間違ってしまい、大変なことになったケースがありました。

ある会社の社長が、業績が良いときに「自己資本比率を上げたい」と考えました。

自己資本比率を上げるためには、2つの方法があります。自己資本比率は「自己資本÷資産」で計算されますから、1つは、増資をしたり利益を蓄積したりして、自己資本（株主資本）を増やすこと。もう1つ、もっと手っ取り早いのは、資産を減らしてしまうことです。そのためには、負債を減らすことになります。

その社長は、「毎年業績が順調に伸びているから、持っている現預金を使って借入金を返し、負債と資産を減らそう」と考えました。ところが、借入金を返済した直後にリーマンショックが来てしまったのです。手持ちの現預金は、借金の返済にあててしまったの

で、ほとんど残っていません。業績も伸びなくなりました。

　そこで、銀行からお金を借りようとしたら、業績が落ちていたこともあり、お金を貸してくれませんでした。業績が悪化すると、銀行は手のひらを返したようにお金を貸さなくなるのです。

　この会社はぎりぎりでなんとか資金繰りをつけましたが、このように、社業が比較的順調でも、お金がなくなったら倒産の危機に瀕してしまう場合があります。ある一定以上の手元流動性を必ず確保しておくことが大切です。

　会社の安全性を見るときには、必ず現金に近いところから見ること。絶対に順番を間違えてはなりません。

　先ほども述べたように、危機時にはふだんより多めに、現預金を数カ月分持っていてもいいでしょう。現預金はある意味、緊急時を乗り切るための保険です。

　確かに借金をすれば、自己資本比率は落ちます。優先順位を知らない人だと、「自己資本比率を下げるのは嫌だから、借金はしない」と考えます。しかし、自社の財務内容が良いなら話は別ですが、必要なときに手元資金がなければ会社をつぶしてしまうことになりかねません。

　手元流動性が低いときには、借金をしてでも（つまり自己資本比率を下げてでも）手元流動性を増やす必要があります。この点は絶対に見誤ってはいけません。

　全日本空輸（ANA）の持ち株会社、ANAホールディングスはコロナ禍で業績が大きく落ち込んですぐ、一気に9,500億円の融資枠を設定しました。ほかの会社も、一気に融資枠獲得に動きました。**危機時には、自分でコントロールできる手元流動性を確保する**こと。これが鉄則です。

高い流動比率を必要とする業種は、高い自己資本比率がいる

　実務を知らない一部の専門家や初心者からは、「売掛金などの流動資産に対する資金負担は、流動負債、特に短期借入金でまかなえばいい」という意見があります。確かに、理論的には成り立つかもしれません。ただ、短期でお金を借りると、金融危機時などには銀行の都合で「すぐに返済してほしい」と言われかねません。

　銀行は、銀行自身の安全性を維持するために、自行の自己資本比率を一定の水準まで上げなければならないという規制があります。例えば不況になって不良債権が増えてしまったら、自己資本比率は、銀行の場合は少し計算方法が違いますが、原則「自己資本÷資産」なので、資産である貸出しを減らして自己資本比率を維持しようとします。

　ですから、銀行から短期で借り入れた場合、数カ月後には返済するように求められる可能性もあるのです。

　売掛金がふくらみ、その残高がずっと維持される、あるいは売上げが伸びて売掛金が増加傾向にあるような場合には、会社はできるだけ固定負債で、つまり、返済期限が1年以上の長期借入金でファイナンスするほうが安全です。さらに安全なのは、返済する必要のない純資産（株主資本）でファイナンスすること。例えば、利益を蓄積したり、株主から増資によりお金を集めたりします。在宅介護大手の大部分が上場しているのは、株主から資金を集めることが大きな理由の1つです。

　言い方を換えると、介護業界のように、**流動比率が高くないと資金繰りが回らない場合は、自己資本比率がある程度高くなければ安全性を維持できない**のです。

　反対に、流動比率が低くても回る鉄道業などは、自己資本比率が
ある程度低くても問題は小さくなります。業績が安定していて日銭
が入るからです。ただ、福島第一原子力発電所事故時の東京電力の
ように、この前提が崩れると、低い自己資本比率では直ちに危機に
直面することもありえます。

　先にも述べましたが、流動比率や自己資本比率を分析する場合、
8割くらいの会社は一般的な基準で判断して問題ありませんが、一
部の業界については例外もありえることを知っておいてください。

　このような業界別の"クセ"があるので、自社の属する業界にど
のような傾向があるのか、知っておくとよいでしょう。また、会社
ごとにもクセがあります。ですから、自社の貸借対照表を見て、ど
れくらいの流動比率、自己資本比率で通常は回っているのかを調べ
てみてください。少なくとも3年分のデータを調べて、傾向をつか
んでみましょう。

危機時にはとにかく手元流動性を確保

　ここでは、コロナ禍で大きなダメージを受けたANAホールディ
ングスのケースを、資金繰りという観点から見てみます。

　コロナ禍発生直後のANAホールディングスの資金確保の動きを
時系列で見てみると、コロナ禍の影響がいかに大きかったかがよく
分かります。

　「現金及び預金」と「有価証券」を見ると、コロナ禍が発生する
前年である2019年3月末は合計で2,936億6,100万円保有していまし
たが、コロナ禍発生直後の2020年3月末は2,386億4,700万円となっ
ています。

■ 図表1-6　ANAホールディングスの資金の推移

	2019年3月	2020年3月	2020年9月
現金及び預金	68,301	109,447	432,970
有価証券	225,360	129,200	19,250
短期借入金	336	429	102,234
社債	115,000	165,000	165,000
長期借入金	406,830	416,900	806,996

単位:百万円

　総額では前年を少し下回っていますが、有価証券を1,000億円売却する一方、社債を500億円、長期借入金を100億円増加させています。コロナ禍による損失が大きく出始めていたころです。

　そして、コロナ禍の状況がさらに深刻になり、2020年9月までの半年で2,809億円の営業赤字を計上するに至って、さらなる手元流動性の確保が急務となりました。3月末に比べて有価証券をさらに1,000億円ほど売却する一方、短期借入金、長期借入金を合計で4,919億円増加させ、現預金を4,329億円確保しています。

　この間の売上高が前年同期比72.4%減の2,918億円と大きく下がり、3月末に41.4%あった自己資本比率も半年で32.3%へと落ちる中、通常時と比べるととても厚い手元流動性を確保したことが分かります。

　こうした財務的なオペレーションなしには、危機時には生き残りが難しくなります。先ほども説明しましたが、緊急事態に陥ったら、自分がコントロールできるお金以外、頼りになるものはありません。

　どんなに「お客さま第一」の経営を行って収益を上げていても、あるいは大規模な固定資産を持っていても、危機時に自社でコント

ロールできるお金がなければつぶれます。いかに優秀な経営者が就任しても、お金がなかったらつぶれるのです。

〈教訓〉危機時には、とにかく手元流動性を積み上げる。一方、会社が危なくなったときには、銀行はまず長期借入金を短期に変えようとする。

経営者や幹部に求められる心構え

　自己資本比率や流動比率などの安全性の指標を学ぶことはもちろん大切ですが、それを投資や経営の実践で活かさなければなりません。

　投資に活かす場合だと、株式や社債を買う会社の安全性を確かめることなどに活用できます。経営に活かす場合には、その指標で自社の経営を、ある意味、「縛る」ために利用することです。

　例えば、自己資本比率をある一定以下にしない、手元流動性を最低でも必ず月商の1カ月分以上確保することなどです（ここで説明したように、危機時には早め早めにもっと多く確保する必要があります）。

　この際に大切なのは、**その基準を決めたら、どんなことがあってもそれを割り込まないこと**。景気の良いときには、銀行が「金を借りてくれ」と言います。先にも述べたように、手元流動性が十分でなければ、自己資本比率を無視してでも借りたほうがいいのですが、そうでなければ無理に借りないほうがいいでしょう。ましてや、借入れをして自己資本比率を大きく落としてまで投資をすることなどは、やめたほうが賢明です。

　経営者自身が基準をしっかり守れれば問題ありませんが、そうでない場合には、幹部がそのことを言わなければなりません。それは、なかなか難しいもの。社長に逆らって直言してくれる幹部がい

たら、とても会社にとっては有難いことです。

　そういうときには、社外取締役などが活躍しなければなりません。私も何社か社外取締役を務めていますが、安全性の基準を下回るような借入れによる投資案件がある場合には、当然反対するつもりですし、これまでもそうしてきました。経営コンサルタントの役割も同じです。これ以上の投資はダメだというときに、はっきりとダメと言えるかどうかが重要です。

　経営コンサルタントを長く務めてきた経験で言えるのは、**会社を倒産させる社長に多いタイプが事業欲の強い人だということ**。会社のお金を私利私欲で使うなどは論外ですが、事業に熱心で、過度に投資する人も怖い。自己資本比率を無視して借入れを増やし、事業を拡大してきた人で、会社をつぶした人を何人も見てきました。

　コロナ禍前から借入れが多く、経営者に「資産を売ってでも改善するように」と注意を促していたにもかかわらず、コロナ禍で一気に倒産した会社もありました。

　借入れは「レバレッジ」とも言い、「テコ」の役割を果たします。景気や業績が良いときにはテコが働き、何倍にも業績を伸ばせますが、リーマンショックやコロナ禍のように、景気が逆回転したときには、一気に坂道を転げ落ちます。事業欲の強い社長には、業績が良いときにはなかなかこの話を分かってもらえませんが、私は、かなりしつこく伝えるようにしています。それでも会社をつぶした社長がいることは残念なことです。

　初心者や一部のマスコミは、リーマンショックやコロナ禍で会社が倒産したと言います。確かにそれがきっかけなのですが、会社をつぶす芽はその前からあるのです。景気がずっと右肩上がりだったことは、これまでの歴史の中ではないことを肝に銘じなければなりません。

第 **2** 章

貸借対照表を深く読む

「資産の部」
── 2種類に分かれる

　ここまで、貸借対照表の基本的な構造と、注目すべき指標について説明してきました。ここから先は、細かい勘定科目の説明など、もう少し詳しく見ていきましょう。

　貸借対照表の勘定科目は数が多いので、すべてを覚えようとすると大変ですが、まず基本的な勘定科目を理解しておくといいでしょう。重要な部分や注意が必要な部分を中心に解説します。

　貸借対照表のうち、どこに注目すればいいかは、各業種や会社によって異なります。ここでは、どの業種にも共通するポイントを順に追っていきます。

　資産の部は、上から**流動資産**と**固定資産**の2つに分けられていると先に説明しました（電力会社などの例外あり）。

【流動資産】「現金及び預金」「有価証券」は手元流動性

　まず流動資産から見ていきましょう（図表2-1）。一番上にあるのは「現金及び預金」。これは、手持ちの現金と、銀行に預けている預金の合計です。先ほど、「手元流動性」の考え方を説明しましたが、会社の短期的な安全性を見る際にとても重要な勘定科目です。

　同様に、「有価証券」も見ます。こちらは、株式や債券などの財産を表す証券の残高です。流動資産に属する有価証券は、1年以内に売却する予定のもの。すぐに売却可能なので、これも手元流動性

に含めて考えてよいでしょう。

　これらの項目が、前の期末より増えているかどうか、また、手元流動性の項で説明しましたが、月商に比べてどれくらいあるか、さらには、社債や借入金などの有利子負債と比べてどれくらいあるかを確認することが大切です（ここからは、JR東海のほかに、セブン＆アイ・ホールディングスなどの貸借対照表を参考にしながら説明）。

■ **図表2-1　JR東海 2020年3月期 流動資産**

	前連結会計年度 （平成31年3月31日）	当連結会計年度 （令和2年3月31日）
資産の部		
流動資産		
現金及び預金	587,867	406,408
中央新幹線建設資金管理信託	2,670,591	2,435,015
受取手形及び売掛金	58,085	48,206
未収運賃	54,760	39,727
有価証券	158,300	353,500
たな卸資産	46,358	43,923
その他	54,792	55,915
貸倒引当金	△61	△14
流動資産合計	3,630,692	3,382,682

【流動資産】「たな卸資産」とは作ったものや仕入れたもの

　次に注目するのは「**たな卸資産**」です。先にも少し触れましたが、たな卸資産とは在庫や原材料のこと。具体的には、「商品及び製品」「仕掛品」「原材料及び貯蔵品」などがこれに含まれています。

　ここで注意すべき点は、**仕入れたもの、作ったものは、いったんすべてたな卸資産となり、仕入れた時点では損益計算書上の費用にはならない**ことです。それが、売れたり、使ったりした時点で費用となります。大切なことなので、損益計算書の「売上原価」のところでももう一度説明します。

ここで、セブン＆アイ・ホールディングス（以下、セブン＆アイ）の2020年2月期のたな卸資産を見てみましょう。「商品及び製品」が1,755億900万円あります。「商品」と「製品」との違いは、一般的には商品は仕入れたもの、製品は自社で作ったもの。セブン - イレブンやイトーヨーカ堂、そして傘下の百貨店などの在庫です。

■ 図表2-2　セブン＆アイ・ホールディングス 2020年2月期 流動資産

資産の部	前連結会計年度 （2019年2月28日）	当連結会計年度 （2020年2月29日）
流動資産		
現金及び預金	1,314,564	1,357,733
受取手形及び売掛金	336,070	351,915
営業貸付金	101,490	102,723
➡商品及び製品	178,178	175,509
➡仕掛品	60	44
➡原材料及び貯蔵品	2,781	2,541
前払費用	55,867	58,688
ATM仮払金	95,694	153,057
その他	247,497	276,575
貸倒引当金	△5,747	△6,868
流動資産合計	2,326,459	2,471,921

単位:百万円

　「仕掛品」は4,400万円。これは、原材料から製品に至るまでの中間にある製品のことで、いわゆる半製品と呼ばれるもの。期末時点で、まだ完成していない製品です。セブン＆アイの場合には、製造業ではないので総資産（5兆9,968億8,700万円）に比べてとても小さくなっています。

　「原材料及び貯蔵品」は、25億4,100万円計上されています。貯蔵品は長く保存できる材料などを指します。

　これらは、原則的に買ったときの値段で計上されます。商品は仕入れたときの値段。製品に関しては、原材料とそれを作るために要した人件費、電気代など作る過程でかかった費用で、製造原価と呼

びます。売値ではないことに注意が必要です。

　貸借対照表の資産の部に計上されているすべての勘定科目は、原則的に買ってきたときの値段、作ったときの値段になっています（例外として、固定資産の「減価償却」という考え方や、上場企業などでは、有価証券やデリバティブズに関しては、時価会計により期末時点で時価評価します。これらについては後述）。

　また、たな卸資産から何カ月分の在庫を持っているかを計算することも大切です。こちらも業種によって大きく異なります。例えば石油精製業の場合は大量に石油の備蓄をしているので、数カ月分くらいの在庫を持っている会社があります。一方、外食業は半月分程度しか持っていない場合があります。

　では、セブン＆アイの場合、何カ月分の在庫を持っているのでしょうか。

在庫の保有期間 ＝ たな卸資産 ÷ 1カ月あたりの売上原価

　セブン＆アイのたな卸資産は、合計で1,780億9,400万円。1カ月当たりの売上原価は以下のとおりです。

　　4兆2,395億8,300万円 ÷ 12カ月 ＝ 3,532億9,800万円

　たな卸資産の合計を1カ月当たりの売上原価で割ると、0.5カ月分となります。コンビニエンスストアやスーパーでは食品や生鮮品の割合が高いので、在庫の保有期間は短いと考えられます。

大塚家具とニトリの収益力に大きな差がある理由

　親子の確執やヤマダデンキによる買収、さらには社長退任など話

題の多かった大塚家具ですが、その在庫の保有期間を見ると、同業のニトリホールディングス（以下、ニトリ）との差が歴然と分かります。

■ 図表2-3　大塚家具とニトリの比較

	大塚家具 （2020年4月期）	ニトリホールディングス （2020年2月期）
たな卸資産	7,768百万円	65,512百万円
売上原価	18,831百万円	287,909百万円
売上原価（月）	1,176百万円	23,992百万円
たな卸資産÷売上原価（月）	6.6カ月	2.7カ月
売上原価率	54.0%	44.8%
売上高営業利益率	-21.8%	16.7%

（大塚家具はこの期は16カ月決算）

　大塚家具の場合、6.6カ月分の在庫を抱えているのに比べ、ニトリはその半分以下の2.7カ月分しか在庫を保有していません。在庫の回転が倍以上良いということです。さらに、ニトリは原価率も44.8%と大塚家具より10ポイント弱低くなっています。それらが大きな収益力の差となって表れているのです。

　ちなみに、ニトリを「薄利多売」と勘違いしている人も少なくないと思いますが、この原価率を見ると「厚利多売」であることが分かります。ユニクロなどを擁するファーストリテイリングも同じです。

【流動資産】「受取手形及び売掛金」が回収できないときは？

　続いて、「受取手形及び売掛金」。流動資産と固定資産の違いを述べた第1章1節でも解説しましたが、受取手形及び売掛金とは、

売ったけれどまだ回収していないお金のことです。これを、期日に銀行での決済を約束した「手形」というものでもらう場合は「受取手形」、支払いの約束をしただけの場合は「売掛金」になります。

　ちなみに、手形は銀行で決済をしないといけないので、売掛金よりも確実に回収することができます。手形が決済できないと不渡りになり、相手企業は即座に倒産するリスクを抱えることになるためです（実務的には、小切手、手形が二度銀行で決済できない〈不渡り〉になると銀行取引停止となります）。

　一方、売掛金の場合は、相手企業の支払いが約束通りにされない場合もないとは言えません。もちろん、こちらも信用不安につながることは言うまでもありません。

　この勘定科目に関連して、「貸倒引当金」という勘定科目があります。これは、受取手形及び売掛金のうち、高い確率で回収不能になると予想されるものを貸倒引当金として資産のマイナスとして計上しているものです。

　例えば、商品を売ったものの、相手企業がつぶれそうになり、売掛金が回収できない可能性が高いといった場合です。その額が損益計算書上の費用となります。

　実際に回収不能となった場合には、引当金を取り崩します。貸倒引当金を計上せずに回収不能となった場合には、その額を売掛金から落とし、損失を計上します。

【固定資産】重要な「減価償却」のしくみ

「固定資産」とは、長期にわたって使う予定の資産です。さらにその中で、触ることのできる「有形固定資産」と、触ることのできない「無形固定資産」、さらには「投資その他の資産」に分かれています。

JR東海の有形固定資産を見ると、「建物及び構築物」「機械装置及び運搬具」「土地」「建設仮勘定」という勘定科目などが並んでいます。「建物及び構築物」「機械装置及び運搬具」はそれぞれの「(純額)」が載っています。さすがに多くの土地や設備を使う会社なので、その額は兆円単位と大きくなっています。

■ 図表2-4　JR東海　2020年3月期　固定資産

固定資産	前連結会計年度 (平成31年3月31日)	当連結会計年度 (令和2年3月31日)
有形固定資産		
建物及び構築物(純額)	1,447,619	1,416,829
機械装置及び運搬具(純額)	240,018	217,844
土地	2,354,886	2,354,868
建設仮勘定	616,395	890,016
その他(純額)	47,753	45,639
有形固定資産合計	4,706,673	4,925,199
無形固定資産	77,571	91,141
投資その他の資産		
投資有価証券	676,420	846,723
退職給付に係る資産	7,939	3,433
繰延税金資産	170,574	176,899
その他	31,558	179,287
貸倒引当金	△5,685	△2,241
投資その他の資産合計	880,807	1,204,102
固定資産合計	5,665,052	6,220,443

単位:百万円

　会計には、「減価償却」という考え方があります。長期間にわたって使う予定の資産のうち、価値が長期的に減っていくものに関しては、使う期間(耐用年数)に応じてその資産価値を減らし、その価値の目減り分を損益計算書上、費用化していく方法です。

　例えば、5,000万円で買った機械が5年で使えなくなるとすると、毎年1,000万円ずつその貸借対照表上の価値を減らし、その1,000万円を「減価償却費」として費用計上します。ここに出てきた「(純額)」というのは、その減価償却の累計額を引いた数字です。

　先にも述べたように、貸借対照表のすべての勘定科目は、原則的に買ったときの値段、作ったときの値段で計上されます。会社によっては、減価償却前の金額と、減価償却の累計額の両方を載せ、その差額を資産の価値として計上する会社もあります。

　また、JR東海のように、買ったとき（建てたとき）の値段と減価償却累計額を引いた「純額」を載せている会社もあります。

　書き方はどちらでもかまいません。ただ、取得時の値段と減価償却累計額の両方を載せるほうが親切です。もともといくらのものが、今いくらになっているのかが分かれば、建物や設備の古さをある程度類推することができるからです。

　減価償却は、建物だけでなく機械などにも適用されます。ただ、機械でも建物でも、普通は税法上で定められた減価償却期間があるので、多くの場合、それにもとづいて償却されます。もちろん、財務上は、それよりも使用期間が短い場合には、償却期間も短くすることが望ましいでしょう。

　税法上では10年で償却する機械を、使い方が激しいため5年で使えなくなるといった場合には、財務上は貸借対照表上の価値を5年でゼロにする、つまり5年で償却してしまうことのほうが望ましいことは言うまでもありません（次の「一歩踏み込む」参照）。

　一方、土地には減価償却という考え方はありません。土地は100年でも1,000年でも使えるので、減価償却しないのです。もちろん市場価値は変わりますが、貸借対照表には原則的には買ってきたときの値段で計上されます（ただし、水没して使えなくなるような場合や、時価が取得時よりも大きく下がったような場合には、その価値を減じることがあります）。

　JR東海の貸借対照表では、（金額が全体の中では小さいため）「リース資産」という勘定科目が出てきません。リース資産とは、リースし

ている資産のことです。こちらも減価償却します。

　以前は、借りている資産については貸借対照表に載らなかったのですが、会計基準が厳しくなってからは、「ファイナンスリース」（後の「一歩踏み込む」で説明）に関しては載せなければならなくなりました。これは、借入れをしてその資産を買うのと現実的には同じだからです。

　以前は、「資産をふくらませたくないから、貸借対照表に載らないリースにしておこう」と考える会社もあったのですが、そのような処理を防ぐために、今では「リースしても、自分で買っても、同じ資産」という考え方になっています。

減価償却費の「損金」と「費用」の計上のずれ

　税務上の償却期間よりも、財務会計上の償却期間を短くした場合には、税務上の「損金」と財務上の「費用」との間に違いが出ます。例えば、1億円の機械が、税務上は10年での償却のところ、実際には5年で使えなくなってしまう場合、財務上は5年で償却し費用化します。この場合、損金は1年で1,000万円しか計上できませんが、財務上の費用は1年で2,000万円計上することとなります。もちろん、税務上は、機械が使えなくなった後も、その後5年間損金を計上できるため、損金も費用も合計では同じ1億円になります。税務会計と財務会計では、計上期間が異なるということです。

　このために、後に戻ってくる税金である「繰延税金資産」という勘定科目が生じます（後述）。

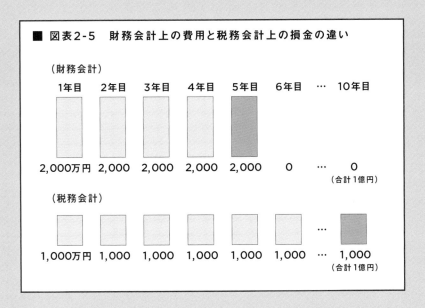

■ 図表2-5　財務会計上の費用と税務会計上の損金の違い

（財務会計）

	1年目	2年目	3年目	4年目	5年目	6年目	…	10年目
	2,000万円	2,000	2,000	2,000	2,000	0	…	0 （合計1億円）

（税務会計）

							…	
1,000万円	1,000	1,000	1,000	1,000	1,000	…	1,000 （合計1億円）

オペレーティングリースとファイナンスリース

オペレーティングリースとは、レンタルに近い考え方ですが、機械や建物などを比較的、短期間借りて使い、それを比較的自由に返せる場合が多いものです。一方、ファイナンスリースの場合、比較的長い期間借りることが多く、その返還にもきっちりとした条件が課されることが多くなっています。

ファイナンスリースは、お金を借りてその機械などを買うのと本質的には同じと考えられています。しかし、オペレーティングリースとファイナンスリースの境い目があいまいな場合も多く、今後は、オペレーティングリースも含めて貸借対照表に記載するという動きがあります。

以前、経営破綻したスカイマークの貸借対照表には航空機のリース資産が計上されていませんでしたが、オペレーティングリースをしていたという認識のためです。しかし、このことが同社の財務内容を見誤らせていたことも否めません。

【固定資産】買収で発生する「のれん」をどう処理するか

無形固定資産の中に「**のれん**」という勘定科目があることがあります。このところこの勘定科目を持つ会社が増えたのですが、「のれん」とは何でしょうか。少々ややこしいところもありますが、大切なことなので、ゆっくり読み進めて理解してください。

親会社がどこかの会社を100億円で買収して子会社にしたとします。そのとき、親会社の貸借対照表には、投資その他の資産にある

「投資有価証券」に子会社を買ったときの金額（100億円）が計上されます。

　しかし、子会社の純資産の額（＝貸借対照表上の価値）は、親会社の投資額と同じとは限りません。買収価格が100億円でも、子会社は70億円の純資産しかない場合もあるし、逆に純資産が120億円ある場合もあります。必ずしも、「子会社の純資産額＝買った値段」ではないのです。

　連結をする際には、親会社の資産（投資有価証券）と子会社の純資産は相殺消去されますが、差額が残ります。その差額が「のれん」になります（子会社の純資産のほうが親会社の投資額よりも大きい場合には「負ののれん」となる）。

　「のれん」は、今の日本の会計ルールでは、20年以内に償却しなければなりません。なぜならば、のれんは「売れない資産」だからです。建物などの有形固定資産であれば、いくらで売れるかは分かりませんが、場合によっては売却することができます。

　ところが、のれんは、子会社の買収額と純資産の差額なので、「のれんだけ買ってほしい」ということはできないのです（資産の部には、このような売れない資産も載っていることに注意が必要）。

　そこで日本の会計ルールでは、最長20年間かけて均等償却することになっています。つまり、のれんの額を減らしていきながら、その分、損失を計上するということです。

　次ページのセブン＆アイの2020年2月期の場合を見てみましょう。のれんの額は3,596億1,800万円と巨額です。前の期末には3,719億6,900万円あったものが、少し減少しています。その額は損益計算書上で損失として計上されます。

　日本の会計ルールでは、のれんを持っている場合、20年以内の均等償却が義務づけられているので、将来その分の損失を出さなけ

ればなりません（米国などのルールは後述）。

■ 図表2-6　セブン&アイ・ホールディングス 2020年2月期 固定資産

固定資産	前連結会計年度 （2019年2月28日）	当連結会計年度 （2020年2月29日）
有形固定資産		
建物及び構築物（純額）	954,093	992,368
工具、器具及び備品（純額）	306,321	323,436
車両運搬具（純額）	10,277	14,785
土地	751,616	746,914
リース資産（純額）	6,858	7,252
建設仮勘定	89,463	98,618
有形固定資産合計	2,118,630	2,183,375
無形固定資産		
➡のれん	371,969	359,618
ソフトウエア	85,475	102,015
その他	151,043	147,249
無形固定資産合計	608,487	608,883

単位：百万円

　一方、純資産より会社を安く買った場合には「負ののれん」が計上されます。RIZAPは、業績の良くない会社を次々と買収し、負ののれんを計上しました。被買収企業の純資産より安く買収した場合には負ののれんを計上しますが、当期の利益として計上できるので、それによって利益を大きく上乗せしていたのです。

　会計処理上は問題ありませんが、買収時に「負ののれん」が発生するような会社は、業績が本来良くないため、その後、それらの会社の赤字がRIZAPの業績の足を引っ張ったことも事実です。

なぜソフトバンクは会計基準を変えたのか

　のれんの扱いについて、米国（FAS:財務会計基準）やIFRS（国際会計基準）のルールは日本と異なります。米国などのルールでは、日本と違って、のれんを償却しなくてもよいことになっています。

　ただ、買収先の会社が想定したような利益やキャッシュ・フロー

を生まなくなったときは、それに見合う額を一気に減損しなければなりません。

　ソフトバンクは2014年3月期から、連結決算書について日本基準から変更しました（現在はIFRS）。その理由の1つは、のれんの扱いにあります。

　同社は、2013年7月に米携帯電話大手のスプリント・ネクステルを約1兆8,000億円で買収しました。そのため、のれんの額が、2013年3月末の9,273億9,900万円から、買収直後の2013年9月末には1兆3,728億3,200万円まで急増します。日本の会計基準だと、これを毎年、数百億円単位で均等償却していかねばなりません。もちろん、その分は費用になるので、業績を押し下げます。

　一方、IFRSに変えれば、償却する必要がありません。その後、半導体設計のアームを3兆円以上で買収しましたが、そののれんも膨大です。

　ソフトバンクは現在、ソフトバンクグループとなり、ファンドなどを通じて投資会社としての性格を強めています。その過程でスプリントの売却を行い、アームも売却する予定となっていますが、2020年12月末現在、3兆8,759億円ののれんが計上されています。

■ 図表2-7　ソフトバンクグループ 2021年3月期第3四半期 のれん

	2020年3月31日	2020年12月31日	差額
有形固定資産	1,264,516	1,511,844	247,328
使用権資産	1,293,692	1,163,782	△129,910
のれん	3,998,167	3,875,949	△122,218
無形資産	1,985,972	1,859,023	△126,949
契約獲得コスト	212,036	234,189	22,153
持分法で会計処理されている投資	3,240,361	3,730,319	489,958

単位：百万円

　一方、日本の会計基準では、買収先の会社が利益を生んでいようがいまいが、とにかく20年以内にすべて償却しなければならない

ので、日本の会計基準のほうが確実に収益を押し下げると言えます（安全性という観点からはこちらのほうが望ましい）。

　ソフトバンクの場合、スプリントやアームの買収によってのれんがふくらんでしまいましたが、IFRSだと毎年の償却の必要がありません。また、今後も買収を続けるようなら、その点でもIFRSのほうが都合が良いわけです。

　ただし、被買収企業の業績が落ちた場合には、営業損益の減少に加え、のれんの減損の「ダブル」で収益にネガティブなインパクトが起こるリスクもあります。

　つまり、先ほども説明しましたが、米国会計基準やIFRSではのれんを償却しなくていい一方で、想定した利益やキャッシュ・フローを生まない場合には、減損の対象になることに注意する必要があります。のれんを持つ子会社が、思ったほどの利益やキャッシュ・フローを生み出さない場合は、それを一気に償却しなければならないのです。

　ソフトバンクの場合は、スプリントを売却したのち、今度はファンドの投資先のWeWorkなどの業績悪化で多額の減損を強いられました。

　米国会計基準あるいはIFRSと日本基準、どちらがいいという話ではありません。ただ、今後も日本企業は、武田薬品工業のシャイアー買収のように、大型の海外企業の買収を行うケースが増えてくるでしょうから、のれんを均等償却しなくてもいい米国会計基準やIFRSを採用する会社が増えてくると考えられます。

　一方、投資家にとっては、これは複雑な問題です。もし、子会社の業績が悪化し始めたとしても、米国会計基準やIFRSだとすぐには減損されない場合があるからです。財務上、特に問題がないように見えても、実際には企業価値が大きく落ちていることもありうる

のです。さらには、ある日突然、巨額の減損処理が発生する可能性もあります。

　したがって、**のれんはいつまでも残さずに、順次償却していったほうが安全**です。それも、できるだけ早いほうが安全性は高いでしょう。

　この点に関連して、米国会計基準やIFRSでも、のれんの適時償却を行うべきだという意見があります。もし、そうなると、多額の償却を必要とする会社が出てくる可能性があるので注意が必要です。

【固定資産】「減損」するかどうかの基準

　上場企業に適用される「**減損**」について、企業買収やのれんに関連して触れてきましたが、ここでもう少し詳しく説明しておきましょう。減損はのれんだけではなく、建物や機械などの資産についても適用されます。

　減損会計のルールは、資産をできるだけ小さい収益単位に分けるところから始まります。例えば、百貨店だと1店舗ごとのように、小さな収益単位に分けます。

　次に、その資産が想定した収益（キャッシュ・フロー）を生んでいるかどうか、そして将来どれだけの収益を生む可能性があるかを計算します。この時点で、予想より稼いでいないと判断されると、資産の価値を減少させ、その分損失を出す、つまり、減損しなければなりません。

　では、どこまで収益が悪化したら、減損されてしまうのでしょうか。さまざまなケースがありますが、大まかなルールとしては、赤字が2年続いた場合です。

　ただし、減損するかどうかは、会社ではなく最終的には監査法人

が決めます。例えば赤字が1年間しか続いていない場合でも、来年も回復の見込みがないと判断されると、減損しなければならなくなる可能性があります。

　原則として、「保守的に、厳しく見る」というのがルール。減損額は、将来のキャッシュ・フローから逆算した資産額との比較となります。子会社の場合だと、その純資産が半減した場合に親会社は減損処理を行うことが多くなっています。

　最終的には、監査法人が「監査適正」と認めなければ、上場企業は決算を開示できません。ですから、いくら会社が「この事業は将来回復するから、減損したくない」と言っても、監査法人に押し切られてしまうケースが多くあります。

　さらに、日本の会計基準は厳しく、一度減損したものは、その資産が生む利益が回復したとしても、資産の価値を戻すことはありません。

【固定資産】「時価会計」で変わる資産の値段

　これまで、貸借対照表にある勘定科目は、原則的に「買ったときの値段」で計上されていると説明しました。ただし、一部例外があります。上場企業の場合、株式や債券などの「有価証券」「デリバティブズ」については、期末時点での価値を再評価して計上しなければなりません。これを「時価会計」と呼びます。

　例えば、株式を買ったときより期末時点で値段が上がっていたら、簿価を上げなければなりません。反対に、買ったときより値段が下がっていたら、簿価を下げなければなりません。そして、場合によっては損失を計上しなければならないのです。

　この簿価の上げ下げによる調整は、貸借対照表の左側の資産価値の増減になりますが、右側では、純資産の部にある「（その他）有価

証券評価差額金」に反映されます。株式の値段が上がれば増え、下がったら減ります（将来の税額分が考慮されます）。評価の増減が反映されるのです。

　これに関連する項目として、同じく純資産の部にある「為替換算調整勘定」があります。外貨建ての資産を持つ場合、為替相場の変動によって、円換算の資産価値が上下することがあります。

　例えば、海外で資産を買ったときより円高が進んだら、円換算した場合には資産価値が下がります。その場合は、ここが減るというわけです。

　セブン＆アイの場合を見てみましょう。その他有価証券評価差額金が259億5,300万円、為替換算調整勘定が175億1,500万円計上されています。これらの項目を見る場合は、円相場などの動きもあわせて見ることが大切です。

■　図表2-8　セブン＆アイ・ホールディングス 2020年2月期 純資産の部

	前連結会計年度 （2019年2月28日）	当連結会計年度 （2020年2月29日）
純資産の部		
株主資本		
資本金	50,000	50,000
資本剰余金	409,859	409,262
利益剰余金	2,015,630	2,106,920
自己株式	△4,680	△11,313
株主資本合計	2,470,808	2,554,869
その他の包括利益累計額		
その他有価証券評価差額金	26,150	25,953
繰延ヘッジ損益	△69	△277
➡為替換算調整勘定	23,768	17,515
退職給付に係る調整累計額	737	3,533
その他の包括利益累計額合計	50,587	46,725
新株予約権	2,805	331
非支配株主持分	148,285	155,295
純資産合計	2,672,486	2,757,222

単位：百万円

2

「負債の部」
―― 「1年ルール」で区別する

　続いて、負債の部を見ていきましょう。負債の部は、資産の部ほど複雑ではありません。先にも説明しましたが、流動負債と固定負債に分かれていて、1年内に返済するかどうかという「1年（ワンイヤー）ルール」を押さえれば、だいたい理解したと言っても過言ではありません。

「有利子負債」を計算する方法

　負債の部のうち、私が最初に注目するのは、**会社がどれだけ有利子負債を抱えているか**という点です。

　有利子負債とは、文字どおり「利子をつけて返さなければならない負債」のこと。具体的には、流動負債の中の「短期借入金」「コマーシャル・ペーパー（CP）」「1年内償還予定の社債」「1年内返済予定の長期借入金」、固定負債の中の「社債」「長期借入金」などがこれにあたります。流動負債、固定負債に計上される「リース負債」も有利子負債です。

　借入金とは、主に銀行から借りたお金のことで、短期借入金は1年内に返さなければいけない借金、長期借入金は返済期限まで1年以上ある借金です。

　社債は、会社が発行している債券で、主に投資家が購入しています。銀行が購入している場合も少なくありません。コマーシャル・

ペーパーは、短期の社債です（コロナ禍では、日本銀行が大企業の社債やコマーシャル・ペーパーの買い入れを行いました）。

　気をつけなければならないのは、負債の部は「1年ルール」が守られているので、期日が1年と1日後でも固定負債に入ることです。ですから、1年と1日たって返済ができなくなり、会社が突然つぶれてしまうということもありえます。

　固定負債だからといって、返済期限が1年と何日、あるいは何年かは分からないという点に注意が必要です（また、中小企業の場合には、返済期限が1年内になった長期借入金を流動負債に項目替えしないことがあるので、こちらも注意が必要）。

　これらの合計が、純資産合計や資産合計と比べてどれくらいあるのか、支払利息はどれくらいあるかなどを見ます。例えば、ANAホールディングス（以下、ANA）の場合は、2020年12月末で、流動負債では、短期借入金が1,000億7,000万円、1年内返済予定の長期借入金が807億2,300万円、リース債務が34億6,700万円あります。合計で1,842億6,000万円です。

　固定負債では社債が1,650億円、転換社債型新株予約権付社債が1,400億円、長期借入金が1兆1,892億5,400万円、リース債務が100億4,300万円あります。固定負債の有利子負債合計で1兆5,042億9,700万円です。ですから、有利子負債は合計で1兆6,885億5,700万円となります。

　これは資産合計3兆2,933億5,300万円と比べると、結構大きな額です。先にも触れたとおり、コロナ禍の影響で有利子負債を増加させているからです。さらに、損益計算書から「支払利息（9か月分）」を調べると99億8,800万円となっています。

　ここで、有利子負債の規模を見る際によく活用される「D/Eレシオ（デット・エクイティレシオ）」について説明しておきます。これ

は、有利子負債の額が、自己資本の何倍かということを計算するものです。

$$デット・エクイティレシオ = 有利子負債 ÷ 自己資本$$

有利子負債の期日にもよりますが、通常は1倍以内なら問題はないと言えます。有利子負債の代わりに、「ネット有利子負債（有利子負債-現預金（含、短期の有価証券）」で計算することも多くあります。

ANAの場合、2020年12月末での現預金は5,605億4,400万円ですから、ネット有利子負債は1兆1,280億1,300万円です。一方、自己資本は1兆574億3,000万円なので、デット・エクイティレシオは1.06倍で少し悪化しています。

「支払手形及び買掛金」は支払いをすませていないお金

次に、「支払手形及び買掛金」を説明します。これは、商品の仕入れを行ったりサービスなどを購入したりしたものの、まだ支払いをすませていないお金のことです。本章1節で、売ったけれど回収していないお金である「受取手形及び売掛金」の説明をしましたが、「支払手形及び買掛金」はその逆です。

「支払手形及び買掛金」と「受取手形及び売掛金」の両方の勘定科目を比較することで、どれだけ資金負担がかかっているかを調べることができます。

繰り返しますが、まだ回収していないお金は「受取手形及び売掛金」、支払いを猶予されているお金は「支払手形及び買掛金」。つまり、「受取手形及び売掛金」が多いほど資金負担が重くなり、「支払手形及び買掛金」が多いほど資金負担が軽くなるということです。

具体的に考えましょう。セブン＆アイ・ホールディングスの場

合、2020年2月期では、受取手形及び売掛金は3,519億1,500万円、支払手形及び買掛金は4,107億9,300万円です。

　年商6兆円を超える巨大小売業ですが、受取手形及び売掛金のほうが588億7,800万円少ないわけですから、その分、資金負担がかかっておらず、余剰資金となります。

将来発生する費用、「引当金」

　負債の部を見ると、「賞与引当金」「退職給付引当金」のように「引当金」という言葉が出てくることがあります。

　「引当金」とは、将来出ていく予定のお金のこと。将来、どのような用途でどれだけの金額が必要か、ある程度確定したところで引当金として計上し、その時点で費用になります（一部、貸したお金が返ってこないことに備える「貸倒引当金」などは資産の部に資産のマイナスとして計上されています）。

　例えば、「退職給付引当金」は、将来、従業員に支払わなければならない退職金や退職年金のことです（あくまでも会社独自のもので、公的年金などは含まれません）。これも、いくら必要かが確定した段階で計上されます。「賞与引当金」も同様で、3月決算の場合、翌夏に支払う賞与は1月から6月までがその対象期間となることが多いのですが、そのうちの1〜3月分を計上しています。

　繰り返しになりますが、財務会計は、将来出ていくお金が確定した段階で、できるだけ早く費用計上するのが大原則。先に費用化されて、その分が引当金として負債勘定に計上されているのです。

　セブン＆アイの場合には、流動負債に「販売促進引当金」「賞与引当金」「役員賞与引当金」「商品券回収損引当金」「返品調整引当金」がそれぞれ計上され、固定負債には「役員退職慰労引当金」「株式給付引当金」「退職給付に係る負債」が計上されています。

中小企業の「社債」に隠された銀行の狙い

　中小企業の社長室などに行くと、社債を発行したときに渡される小さな楯のようなもの（西洋の墓石に似ているので「トゥームストーン」と呼ばれることがある）が置いてあることがあります。

　中小企業の経営者の中には、社債が発行できたことを喜ぶ人もいますが、銀行の術中にはまっただけだと私はいつも説明します。

　中小企業の社債の場合、大半は銀行が引き受け手となっています。長期借入金で借りるのと、社債発行手数料を含めた出来上がりの金利は大きく変わりませんが、銀行が社債をすすめるのは、最初に社債発行手数料が銀行に入るからです。つまり、銀行が目先の利益を上げるためです。

　銀行としては、中小企業の社長のプライドをくすぐりながら、目先の手数料を稼げるおいしい商売なのです。

支払いサイトは「売掛金」と「買掛金」の期間も考慮

　私が経験した話ですが、ある会社では、受取手形のサイト（支払いまでの期間）が支払手形のサイトよりも短いため、資金的には有利と考えていたのですが、実際には資金負担がかかっていました。

　なぜかと言うと、その会社では支払手形を発行するまでの買掛金の期間が比較的短く、逆に受取手形を受け取るまでの期間（売掛金の期間）が長かったからです。「売掛金＋受取手形」と「買掛金＋支払手形」の期間を比べると、後者のほうがずっと短かったのです。

　資金負担を考える際には、金額とともに、売掛金＋受取手形、買掛金＋支払手形の期間も考慮しなければなりません。

　買掛金に関連して、「未払金（みばらいきん）」という勘定科目があります。こちらも支払手形及び買掛金と同じく、支払いを待ってもらっている金額です。支払手形及び買掛金は主に本業に直接かかわる取引によるもの、例えば仕入れなどが含まれます。一方、未払金は本業以外の取引で生じたもので、家賃などがこれに入ります。

　もう1つ、「未払法人税」という項目があります。これを見ると、「この会社は税金を払っていないのか」と思うかもしれませんが、そうではありません。利益を上げている会社ほど出るものです。

　例えば、セブン＆アイの場合、378億5,400万円計上されています。同社の場合、2月末日が決算日ですが、決算日当日には通常は決算作業が終わらないので、税金の計算ができず支払えません。そのため、「未払法人税」となるのです。

　一般的には、決算日より2カ月以内に税金を支払います。その税金がいくらかを計算して、「未払法人税」に計上しています。

3

「純資産の部」
──返さなくてもいい資金の調達源

　貸借対照表の最後の項目、「純資産の部」の説明に入りましょう。復習になりますが、純資産とは、返さなくてもいい資金の調達源です。

　純資産の部は、先に説明したように、大きく分けて「**株主資本**」「**評価・換算差額**（その他の包括利益累計額）」「**新株予約権**」「**非支配株主持分**」の4つに分かれています（第1章2節参照）。中でももっとも重要であり、多くの会社で一番大きな額になっているのは「**株主資本**」なので、ここを中心に説明を進めます。

「資本金」「資本準備金」「資本剰余金」は会社の元手

　株主資本のところには、多くの会社で、「**資本金**」と「**資本準備金**」「**資本剰余金**」という勘定科目があります。これは、いずれも株主が会社に出資してくれたお金です。会社が事業を行うための元手だと言い換えることもできます。会社設立時の出資金のほかに、「増資」により会社は資金を調達します。

　これらの勘定科目にどのような違いがあるかというと、実質的にはほとんど同じです。例えば、100億円増資したとすると、50億円は資本金に、残りの50億円は資本準備金にというように、2つの勘定科目に半分ずつ入れるのが現在では一般的になっています（会社法上は、出資金の2分の1を超えない額を資本準備金にできると規定されてい

ます）。資本準備金は資本金よりも取り崩しが容易だからです。

　資本準備金にその他の資本剰余金を加えたものを資本剰余金と言います。

　JR東海の場合、資本金は1,120億円、資本剰余金は534億8,600万円ですから、合計で1,654億8,600万円の元手があると計算できます。

　ちなみに、資本金を取り崩すには、株主総会の特別決議、つまり出席株主の持つ議決権の3分の2以上の賛成が必要です。

■ 図表2-9　JR東海 2020年3月期 純資産の部

	前連結会計年度 （平成31年3月31日）	当連結会計年度 （令和2年3月31日）
純資産の部		
株主資本		
資本金	112,000	112,000
資本剰余金	53,497	53,486
利益剰余金	3,387,569	3,755,901
自己株式	△116,912	△111,615
株主資本合計	3,436,154	3,809,772
その他の包括利益累計額		
その他有価証券評価差額金	33,024	20,729
退職給付に係る調整累計額	2,116	1,331
その他の包括利益累計額合計	35,140	22,061
非支配株主持分	36,770	40,269
純資産合計	3,508,065	3,872,103

単位：百万円

「利益剰余金」は過去の利益の蓄積

　次の項目「利益剰余金」もとても大切な勘定科目なので、きちんと理解しておくことが大切です。

　利益剰余金とは、利益の累計額のこと。第3章の損益計算書のところで説明しますが、最終利益である「当期純利益」が出ると、まずは貸借対照表のこの利益剰余金にすべて入ります。前の期までの

利益剰余金にその期の純利益が足されるわけです。JR東海の2020年3月期では3兆7,559億100万円と膨大です。

もう1つ、重要なことがあります。それは、**配当は原則、利益剰余金からしか出せない**ということ。ですから、利益剰余金が積み上がっていると、赤字が出ても配当することができます。

例えば、トヨタ自動車がリーマンショック後に赤字になったとき、それ以降も配当を続けることができたのは、利益剰余金をたくさん持っていたからです。つまり、「配当余力」を調べる場合は、利益剰余金を見れば、どれくらい配当を続けられるかがある程度は予測できます。

反対に、利益剰余金がなければ原則、配当はできません。そして、最終利益の赤字が続くと、利益剰余金がどんどん減っていき、マイナスになることがあります。このマイナスがどんどん大きくなって、純資産（自己資本）がマイナスになる状態を「**債務超過**」と言います（この場合、当然、「自己資本比率」はマイナス）。

先に説明したように、債務超過だからといって、会社はつぶれるとは限りません。あくまでも、資金が回らなくなったときに会社はつぶれるのです。ただ、銀行は債務超過の会社には原則、お金を貸さないので、倒産のリスクは高いと言えます。

「その他の包括利益累計額」で資産価値の変更を調整

先に「時価会計」の説明をしましたが、例えば、保有する有価証券の簿価が10億円で、期末時点の時価が17億円だった場合、上場企業など時価会計が適用される会社の場合には、期末時点で、その有価証券の簿価を17億円に書き換える必要があります。

その際に、貸借対照表の左側の資産がふくらむわけですが、右側の負債や純資産とバランスが取れなくなります。そこで、この「そ

の他の包括利益累計額」という純資産の勘定科目を使って、また、もしそれを売却した場合に将来発生する予定の税額を、負債の部の「繰延税金負債」という勘定科目を使って調整します。

　海外資産を持つ会社の場合、その資産を期末時点で円換算しなければなりませんが、そこでも時価会計と同様の問題が生じます。それも包括利益累計額の中で調整することになります。

「新株予約権」は将来株式を買う権利

　将来、ある決められた金額で株式を買う権利を「**新株予約権**」と言いますが、会社はその権利を売却することができます。その売却額をこの勘定科目に計上します。

利益剰余金がマイナスの会社で早く配当をする方法

　利益剰余金がマイナスになると、配当ができなくなります。利益剰余金のマイナス額が大きくなればなるほど、当面、配当はないと考えられるのです。そうなると余計に、増資に応じるような投資家たちに株を買ってもらえなくなってしまいます。

　そこで、会社は次のような会計操作をすることがあります。将来の見込みがあるという前提ですが、資本剰余金を株主総会の決議により取り崩して利益剰余金に振り替え、利益剰余金をプラスにします。それにより、財務上の"見かけ"を良くし、利益剰余金のマイナスを解消するのです。経営危機に陥ったシャープや経営破綻前の日本航空（JAL）もこれを行いました。

　経営再建のために増資をする場合も多いのですが、ファンドなどの投資家は、配当をできるだけ早くもらいたいので、資本剰余金を取り崩して利益剰余金をプラスにし、貸借対照表の見かけを良くするとともに、早く配当を得られるような状況を作るのです。

　なお、「減資」とは、会社の業績が悪化した場合、資本金を減らして利益剰余金を増やすことで、財政を立て直したり、配当のための財源を確保したりするオペレーションです。目的やそのやり方はさまざま。ただ、これはあくまでも勘定科目の付け替えに過ぎませんから、会社の実力が増加したわけではありません。

　100%減資をしない限り、そのままでは既存株主の持ち分は変わりませんが、経営再建のために増資をする場合には、まず、減資をした後に増資をすることも少なくありません。増資後の既存株主の持ち分を減らし、新たに増資に応じた株主の持ち分比率を増やすという意味合いが大きいのです。

「土地再評価差額金」が生まれた背景

　「その他の包括利益累計額」の中に「土地再評価差額金」という
勘定科目をときどき見かけます。これは、バブル崩壊後の1990年
代後半の金融危機時に、主に金融機関を救済するために、時限立法
で土地の評価益を計上することを認めたことに由来します。

　このころ、銀行は不良債権処理のために損失を多く計上したた
め、利益剰余金、ひいては純資産が大きく減少しました。そこで政
府は、銀行が持つ不動産の時価評価を認めました。

　銀行は、一等地に店舗などの不動産を大量に保有していました
が、会計ルール上は、売却しない限り利益に計上することができま
せんでした。それを、不動産を売却しなくても、簿価を時価に書き
換えることを認め、その「評価益」を純資産の増額に使うことを5
年間の時限立法で認めたのです。

　その際に生じた利益の評価額（正確には、そこからもし将来売却した
としたら支払う可能性のある理論的な税金の支払い額〈繰延税金負債〉を引い
たもの）を土地再評価差額金として計上しています。

　もちろん、銀行にだけその会計処理を認めるのは不平等なので、
すべての会社にそれを認めたため、今でもその勘定科目が残ってい
る会社があります（売却しない限りずっと残ることになります）。

「子会社」と「関連会社」は
どう違うのか

　純資産の中には「非支配株主持分」という項目があります。この
説明をするためには、まず、子会社と関連会社の違い、そして「連
結」を理解する必要があります。

　上場企業の決算短信を見ると、表題に「連結財務諸表」「連結貸
借対照表」などと書いてあることが多くあります。この「連結」と
いうのは、グループ全体、つまり子会社や関連会社を含めたもの、
という意味です。

　では、関連会社と子会社の違いとは何でしょうか。会計のセミ
ナーでこの質問をすると、よくこんな答えが返ってきます。

　「どれだけ出資しているかで、関連会社と子会社に分けられる」

　これは、間違いではありませんが、初心者の答え。少し勉強をし
ている人だと、次のような答えが出てきます。

　「50%を超える議決権を持っている先が子会社。20〜50%の株式
を持っている先が関連会社」

　これも確かに間違いではありません。先ほどよりも正確な回答
で、子会社か関連会社かを判断する基準になります。しかし大切な
のは、そのように判断された子会社や関連会社が、会計上どのよう
に処理されるのか、ということです。

　次のように覚えてください。「**子会社は、貸借対照表、損益計算書、キャッシュ・フロー計算書にある、すべての勘定科目が、親子間の取引を相殺したうえで、すべて合算される。関連会社は合算されない**」。

　例えば、親会社の売上高が1,000億円、子会社が200億円だった場合、連結損益計算書の売上高には1,000億円＋200億円＝1,200億円が計上されます。費用や利益なども同じように足し合わされます。

　ただ、親子間の取引は相殺されることに注意が必要です。この例だと、子会社が親会社に対して50億円の売上げがある場合、子会社にとっては売上高になり、親会社にとっては仕入れになります。連結損益計算書ではその分が差し引かれ、連結の売上高には1,150億円が計上されることになるのです。親子間の取引は、グループで考えた場合には、外部から見るとないのと同じだからです。

　ここで、先に触れた非支配株主持分に関して改めて説明します。連結においては、株主の持ち分である純資産は、100％の持ち分を持たない子会社の純資産も100％分合算されています。

　しかし、子会社の中には100％の持ち分ではない（例えば60％）子会社も含まれます。そこで、純資産のうち他人の持ち分を区分けするために非支配株主持分があり、区分して計上されています。親会社から見たら60％くらいしか持ち分がないという場合には、この非支配株主持分が大きくふくらむ可能性があります。

　少し見方を変えると、非支配株主持分が計上されている場合には、100％保有でない子会社が存在するということを意味しています。

　セブン＆アイでは1,552億9,500万円（2020年2月期）、JR東海では402億6,900万円（2020年3月期）、ANAでは78億4,200万円（同）計上されています。それぞれ100％保有でない子会社が存在するという

ことです。

　では、関連会社は会計上、どのように処理されているのでしょうか。関連会社は、親会社の財務諸表の勘定科目には合算されませんが、「**持分法**（もちぶんほう）」によって計算される利益が、第3章で説明する損益計算書の営業外収益（損失の場合には営業外費用）に計上されます。

　持分法とは、一定以上の議決権を持つ会社について、どのように連結財務諸表に反映させるかを定めたルールのこと。

　例えば、30%の議決権を持つ関連会社があるとします。その関連会社が8億円の純利益を出した場合、8億円の30%にあたる2億4,000万円が、連結損益計算書の営業外収益のところに「持分法による投資利益」として計上されます。また、子会社でも規模が小さい場合は、持分法が適用されることがあります。

　このように**子会社であるか、関連会社であるかによって、連結決算に大きな差が出ます。**

　子会社の場合、先ほども説明したように、勘定科目が親子間の取引を除いて全部足し合わされますので、子会社がたくさん借入金などの負債を持っていたら、すべて合算されてしまいます。

　ところが、関連会社であれば、資産の額も負債の額もいっさい分かりません。あくまでも、持分法による投資利益、あるいは損失のみが営業外収益あるいは費用に計上されるだけだからです（関連会社については、営業外収益〈損失〉に「持分法による投資利益（損失）」の1行しか表れないので「1行連結」と呼ばれることもあります）。

　もう少し子会社、関連会社について説明しておきます。先ほど、

「50%を超える議決権を持つ先を子会社、20〜50%の株式を持つ先を関連会社」と述べました。

　そして、連結決算をするとき、子会社は親子間の取引を除いてすべての勘定科目が足し合わされますが、関連会社は持分法による投資損益しか計上されないと説明しました。かつて、この仕組みを悪用する会社がたくさんあったのです。

　子会社がたくさんの外部負債を抱えていた場合、連結したときに合算されると、連結の財務内容が悪くなってしまいます。そこで、「関連会社にしてしまえば、合算しなくてすむ」と考える人が出てきました。

　つまり、50%を超える議決権を持つ先が子会社であれば、49%の会社はぎりぎり関連会社になるため、議決権の比率を50%未満に下げれば、多額の負債を隠すことができるということです。

　そうした事態を防ぐため、2000年3月期から日本の会計ルールにも国際会計基準の一部が導入され、連結のルールが厳しくなりました。まず、連結決算が「主」で、親会社単体の決算は「従」という位置づけになりました。

　それ以前は、親会社単体の決算が主な決算で、連結はおまけに過ぎなかったのですが、子会社や関連会社の業績を加味した連結決算が重視されるようになったのです。

　もう1つは、議決権が50%を切っていても、「実質的に支配」しているとみなされる先は子会社として連結処理をしなければならなくなりました。

　例えば、40%の議決権を持っている会社があったとします。その会社に、親会社から社長を歴代送り込んでいたり、取締役のほとんどが親会社から来ていたりするなど、親会社が実質的に支配している状態のような場合、仮にその会社がつぶれたときに「関連会社だ

から親会社とは無関係だ」とは言えないことも多いでしょう。

　このように、**親会社が実質的に支配していると認められる場合は、親子間の取引を除き、すべての勘定科目を合算する子会社とみなし、連結処理をしなければならなくなりました。**

　同様に関連会社も、20％以上の議決権のあるなしにかかわらず、おおむね15％程度以上の議決権を保有し、取締役を送っているなどの条件があれば、「影響力」があるとみなし、関連会社として持分法が適用されることがあります。

　ここまで、貸借対照表の説明をしてきました。

　資産（会社の財産）をまかなうために、負債と純資産で資金調達をしている（資産＝負債＋純資産）というのが、一番の基本。そして、**負債は将来返済が必要な資金調達源なので、その額や資産に対する比率が重要**ということを説明しました。

　自己資本比率や流動比率、手元流動性など安全性に関する指標も取り上げましたので、それらもしっかり理解してください。

純資産で分かる会社の歴史と経営者の姿勢

　純資産を見ると、多くの場合、その会社の経営者がどのような経営をしてきたかが分かります。

　特に中小企業に多いのですが、稼いだお金を社内に蓄積せずに、経費で使ったり、自分の給料などでとってしまったりする経営者がいます。そういう会社は利益の蓄積がない（利益剰余金が少ない）ので、何十年も会社を経営しているのに、純資産がとても少ないのです。純資産、ひいては貸借対照表が「やせている」と言えます。

　こういった状況を生み出す背景には、税制上の不備という問題があると私は考えています。

　詳しく説明します。会社は税法上の利益が出た場合、法人税を支払います。さらに、会社の利益の一部を株主へ支払う配当は、通常は税引き後の利益（正確には利益剰余金）から支払われますが、受け取った配当金は、中小企業経営者の場合、通常は個人所得に合算され、経営者個人に対して所得税が発生します。

　つまり、**中小企業経営者は、配当を受け取る場合、会社として法人税を支払ったうえに個人として所得税を払うという二重課税が起こる**のです。

　このような二重課税を防ぐため、上場株式の配当には優遇制度があり、「上場株式の配当金に対する課税は分離課税で20%」と決められています（現在は東日本大震災の復興特別所得税が0.315%加算）。しかし、上場していない会社にはそういった優遇措置はありません。

　その結果、二重課税を回避したいと考える中小企業経営者が、配当をしない前提で、利益を出さないように費用処理を行うのです。つまり、「法人税で課税され、さらに所得税でも課税される配当で

お金をもらうより、給料という形をとれば所得税しかかからない。もっと言えば、会社の費用として使えば、所得税もかからない。しかも給料や費用にすれば、いくらでも赤字申告できるから、法人税も払わなくてよくなる」と考えるのです。

　しかし私は、この方法は好きではありません。なぜなら、給料は労働の対価なので、会社の中での責任と仕事のバランスによってもらうべきものだからです。一方、配当というものは、資本を提供したリスクに対する対価です。

　ですから、二重課税を避けるためとはいえ、配当と給与を一緒にしてしまうことは、企業経営上、健全な形ではありません。

　現在、日本の会社の約6割が、税務申告上、赤字になっています。均等割の事業税などは支払っていますが、中小企業や零細企業の約6割は税務署に赤字申告をしているため、法人税を払っていません。この原因の1つには、こうしたいびつな税制があるのではないかと私は考えています。

　二重課税をされないように、中小企業や零細企業にも、配当に対する優遇措置を設ければ、法人税を支払う会社がもっと増えるのではないでしょうか（税法上、配当控除の制度がありますが、その額はわずかなものです）。

　一方、大多数の大企業は、法人税を支払っています。もちろん、中小企業でも利益を出して法人税を支払っている会社も少なくありませんが、多くの中小企業は税務上、赤字経営をしています。

　海外では、このような二重課税は行われていない国が多いでしょう。世界的には、「二重課税をしない」というのが一般的な潮流です。

　配当に対する税制を改革して、中小企業もきちんと利益を出し法人税を支払うようになれば、会社の利益剰余金が増えるとともに、

税収が増え、消費税などの増税額を少なくすることができるかもしれません。こうして税収を増やし、その次のステップで法人税を下げれば、財政の問題も大企業優遇批判も避けられるのではないでしょうか。何よりも純資産が充実し、経営が健全化する効果が大きいのです。

　税制について、もう1つおかしい点があります。働いて稼いだお金に対する税率は高い一方で、上場株式のキャピタルゲイン（株や土地などの価格変動によって得た収益）に対する課税は甘いということです。

　例えば、働いて得たお金に関して、最高税率を払っている人は所得税45%、住民税10%、合計55%を支払わなければなりません。なおかつ、社会保険料も徴収されますから、収入のかなりの部分が持っていかれてしまうわけです。

　一方、上場株式などでもうけたお金に対する税率は、これよりもずっと低くなっています。これでは、勤労の意欲をなくしてしまいます。この点もあわせて、改革が必要ではないでしょうか（米国でも同様の議論が提起されています）。

　日本の税制は、多くの点で問題を抱えています。法人税を下げることも必要だとは思いますが、その前に、もっと大きな枠組みで税制について議論すべきでしょう。

第 **3** 章

会社はどうやって
もうけているのか
—損益計算書

1

損 益 計 算 書 の し く み

　第1章、第2章では会社の財産の状況や、その資金調達源を見る
ための貸借対照表を説明しましたが、この章では、会社の収益状況
を把握するための損益計算書を説明します。実際に会社の損益計算
書を見ながら、読み方を学んでいきましょう。

　決算書は一般的に、貸借対照表、損益計算書、キャッシュ・フ
ロー計算書の順につづられていますが、3つの中でもっとも分かり
やすくて読み方が簡単なのは損益計算書です。

　損益計算書からは会社の売上高や費用、利益あるいは損失などの
収益性が読み取れます。四半期決算であれば、その期末までの期
間、期末決算なら1年間という会計期間に、どのような形でどれだ
けの売上げが出て、費用がかかり、利益（あるいは損失）が出たかが
コンパクトにまとめられています。

「収入－費用＝利益」の繰り返し

　損益計算書の作りは非常にシンプルで、売上高から原材料費や人
件費などの費用を順番に差し引いていく形になっています。**「収入
－費用＝利益」のサイクルが段階的に繰り返される**のです（図表
3-1）。ここでは、まず、基本的な「概念」を説明します。そして、
同時に実際の財務諸表の数字も紹介していきます。

　実際の財務諸表は、ここではANAホールディングス（以下、

ANA）の2020年3月期の損益計算書を用います。新型コロナウイルスの影響が少し出始めていた時期です。細かな内容や分析手法は、全体の概念をみなさんが把握した後に説明するようにしてします。図表3-2の数字を追いながら読んでください。

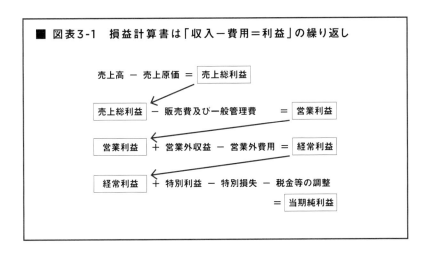

■ 図表3-1　損益計算書は「収入－費用＝利益」の繰り返し

売上高 － 売上原価 ＝ 売上総利益

売上総利益 － 販売費及び一般管理費 ＝ 営業利益

営業利益 ＋ 営業外収益 － 営業外費用 ＝ 経常利益

経常利益 ＋ 特別利益 － 特別損失 － 税金等の調整 ＝ 当期純利益

　まず、ANAの売上高ですが、1兆9,742億1,600万円です。これは、ANAや子会社などの連結の売上高を表しています。

　次の項目は、「売上原価」です。これは、売り上げた商品やサービスに直接かかる費用のこと。例えば、製造業の場合だと、製品を作るための原材料費、製造にかかわる人の人件費（労務費と言います）、製造するときにかかった電気代、工場の減価償却費などが含まれます。ANAの場合には、飛行機の燃料費や減価償却費、着陸料や運行にかかわる乗務員の給与などです。1兆5,834億3,400万円かかっています。売上原価率（売上原価÷売上高）は80.2％です。

　ここで大切なのは、**売上原価は売れた分だけが計上される**ということ。特に製造業や卸売業、小売業では注意が必要です。製品をたくさん作っても、商品をたくさん仕入れても、売れていない分は売

上原価に含まれません（作った分、仕入れた分はいったん貸借対照表のたな卸資産に計上され、そこから売れた分だけが売上原価となります）。

その次は「売上総利益（うりあげそうりえき）」です。卸売業や小売業などでは「粗利（あらり）」「粗利益」と呼ばれるもので、「売上高－売上原価＝売上総利益」で計算されます。ANAでは売上総利益は3,907億8,200万円です。売上総利益率は19.8％（1－売上原価率）。この年（2020年）の1-3月期はコロナ禍の影響が出始め、前年度の24.2％から落ちています。

「販売費及び一般管理費」は、「販管費（はんかんひ）」とも呼ばれるもので、製品の製造やサービスの提供に直接かかわらない費用のことです。同じ費用でも、売上原価とはそこが異なります。例えば、広告費や営業にかかった費用、会社を運営するための費用のことです。会社を運営するための費用とは、営業や経理で働く人たちや役員などの人件費などが含まれます。ANAの場合、3,299億7,600万円で前年度より34億円強減少しています。販管費は企業努力によって抑えられる数字なので、景気や業況が悪いときに真っ先にコスト削減の対象になりやすいものです。

売上総利益から販管費を差し引いたものが、次の項目「営業利益」です。これは本業でのもうけを表します。もしこれがマイナスになっていたら、本業で利益を出せていないということですから、企業活動に大きな問題があるということになります。**営業利益は本業での実力値**と言えるのです。

ANAの営業利益は608億600万円ですが、前年度よりも1,050億円近く大幅に減少しています。コロナ禍の影響が出て売上高が落ちましたが、売上原価がそれに比例して落ちなかったことが大きな要因です。この段階では、販管費の削減も十分ではありませんでした。

ここまでが、会社の本業でのオペレーションによる収益を表す部分で、もっとも大事なところです。

■ 図表3-2　ANAホールディングス 2020年3月期 損益計算書

	前連結会計年度 (自 2018年4月1日 至 2019年3月31日)	当連結会計年度 (自 2019年4月1日 至 2020年3月31日)
売上高	2,058,312	1,974,216
売上原価	1,559,876	1,583,434
売上総利益	498,436	390,782
販売費及び一般管理費		
販売手数料	105,678	103,495
広告宣伝費	12,813	11,830
従業員給料及び賞与	39,760	39,446
貸倒引当金繰入額	87	46
賞与引当金繰入額	7,913	3,879
退職給付費用	3,462	3,329
減価償却費	24,828	27,616
その他	138,876	140,335
販売費及び一般管理費合計	333,417	329,976
営業利益	165,019	60,806
営業外収益		
受取利息	767	958
受取配当金	2,159	2,073
持分法による投資利益	1,559	1,210
為替差益	—	473
資産売却益	2,554	6,746
固定資産受贈益	2,512	3,553
その他	7,048	3,644
営業外収益合計	16,599	18,657
営業外費用		
支払利息	6,995	6,291
為替差損	1,761	—
資産売却損	641	302
資産除却損	11,117	7,133
その他	4,423	6,379
営業外費用合計	24,937	20,105
経常利益	156,681	59,358
特別利益		
投資有価証券売却益	—	1,122
補償金	6,810	17,897
その他	3	235
特別利益合計	6,813	19,254
特別損失		
投資有価証券評価損	—	853
関係会社株式売却損	343	7
減損損失	1,997	25,159
独禁法関連費用	6,423	—
その他	708	1,092
特別損失合計	9,471	27,111
税金等調整前当期純利益	154,023	51,501
法人税、住民税及び事業税	47,354	24,407
法人税等調整額	△5,168	1,175
法人税等合計	42,186	25,582
当期純利益	111,837	25,919
非支配株主に帰属する当期純利益又は 非支配株主に帰属する当期純利益(△)	1,060	△1,736
親会社株主に帰属する当期純利益	110,777	27,655

単位:百万円

「売上高」と「営業収益」は微妙に違う

　損益計算書に、ANAのように売上高だけが記載されている会社
も多いのですが、小売業やサービス業などの一部の業種では、売上
高とは別に「営業収益」が損益計算書の最初に記載されている場
合があります。営業収益も大きなくくりでは売上げを意味します
が、この2つは微妙に異なります。多くの場合、売上高は本業での
売上げ、営業収益は事業全体の売上げを示しています。

　ここではセブン＆アイ・ホールディングス（以下、セブン＆アイ）
の2020年2月期の例で見てみましょう。

■ 図表3-3　セブン＆アイ・ホールディングス 2020年2月期 損益計算書

	前連結会計年度 （自 2018年3月1日 至 2019年2月28日）	当連結会計年度 （自 2019年3月1日 至 2020年2月29日）
営業収益	6,791,215	6,644,359
売上高	5,508,600	5,329,919
売上原価	4,411,816	4,239,583
売上総利益	1,096,784	1,090,336
営業収入	1,282,615	1,314,439
営業総利益	2,379,399	2,404,776
販売費及び一般管理費		
宣伝装飾費	134,850	135,938
従業員給与・賞与	473,273	466,448
賞与引当金繰入額	13,809	14,208
退職給付費用	12,365	8,861
法定福利及び厚生費	62,611	63,565
地代家賃	379,510	388,098
減価償却費	210,190	214,354
水道光熱費	118,428	115,535
店舗管理・修繕費	74,264	73,305
その他	488,498	500,193
販売費及び一般管理費合計	1,967,802	1,980,510
営業利益	411,596	424,266

単位：百万円

　一番上の勘定科目は「営業収益」。セブン＆アイの場合、6兆

6,443億5,900万円です。その下に「売上高」（5兆3,299億1,900万円）が記載されていますが、これはセブン＆アイの場合、イトーヨーカドーでの店舗の売上げや、セブン‐イレブンの直営店などでの商品の売上げを表します。

　一方、その下に「営業収入」（1兆3,144億3,900万円）という勘定科目がありますが、これは商品の売上げをともなわない収入、主に、セブン‐イレブンのフランチャイズフィーなどを指します。売上高と営業収入を足したものが、営業収益となっているのです。それが会社全体での収入を表しています。

売上高 ＋ 営業収入 ＝ 営業収益

「4つのサイクル」を押さえる

　会社を経営していくうえでは、本業以外の収益や費用、損失も出てきます。営業利益より下に並んでいるのは、こうした本業以外で生じた収益、費用、損失などの項目です。

　先ほど、損益計算書は「収入－費用＝利益」の形が繰り返されていると説明しましたが、日本基準の損益計算書では、このサイクルは大まかに以下の4段階に分けられます（IFRS、米国会計基準については、この章の後半で説明）。

1　**本業での収益と費用**（売上高〜営業利益）

2　**本業以外で経常的に得る収益と費用**（営業外収益〜経常利益）

3　**一時的に発生した利益と損失**（特別利益〜税金等調整前当期純利益）

4　**税金などの調整**（当期純利益まで）

1つめのサイクルは、先ほど説明したとおりです。

2つめのサイクル「本業以外で経常的に得る収益と費用」とは、営業利益の下の「**営業外収益**」から始まります。ここには、貸したお金から得られる受取利息、所有不動産などの賃貸収入、所有している株式から得た配当金（受取配当金）や、関連会社がもうかった場合に配分される利益（持分法による投資利益）などが入ります。

「**営業外費用**」には、銀行などからお金を借りている場合や社債の支払利息、また、所有する海外資産が円相場の変動によって含み損を抱えた場合は為替差損などが含まれます。注意が必要なのは、支払配当金は、税引き後の利益が蓄積された貸借対照表の利益剰余金から支払われるため、営業外費用には含まれないことです。

営業利益から営業外収益を足し、営業外費用を差し引いたものが「**経常利益**」です。「**けいつね**」と呼ばれることもあります。経常利益とは、営業活動に加えて、その他の通常の事業活動の結果、生み出される利益です。

ANAでは、2020年3月期は営業外費用のほうが収益よりも多いので、経常利益は営業利益よりも少ない593億5,800万円となっています（図表3-2）。

3つめのサイクルでは、一時的に発生する「**特別利益**」と「**特別損失**」を考えます。例えば、土地や工場などを売却した場合に入ってくる利益（取得価格との差額）は毎年得られるわけではないので、「特別利益」となります。土地や建物の価格は、原則的に買ったときの価格で計上されますので、売却時の価格が高ければ特別利益となります（不動産業などの場合で自社保有の不動産を売却する場合は通常の営業活動なので、売却益は営業利益となります）。

一方、台風や地震などで建物が被害を受けたような場合、その修

復にかかる費用や損失は「特別損失」となります。事業の採算が悪
化してリストラを行う場合も、「構造改革費用」として特別損失に
計上されます。ANAでは、保有資産が予定していない収益を生ま
ない場合に、その価値を減額する「減損損失」が前年度より大幅増
の251億円計上されています（「減損」に関しては第2章1節を参照）。

　経常利益に特別利益を足して、特別損失を差し引くことで「税金
等 調 整 前 当 期 純 利 益」が計算されます。そして、最後に住民税や
法人税などの税金を調整し、最終利益である「当期純利益（損失）」
が算出されます。ANAでは259億1,900万円です。

　そして、「親会社株主に帰属する当期純利益」が276億5,500万円
計上されていますが、当期純利益との差は、次の「一歩踏み込む」
で説明します。

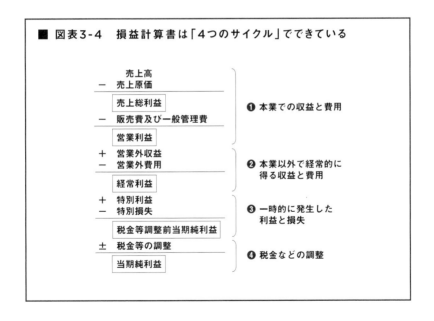

■ 図表3-4　損益計算書は「4つのサイクル」でできている

```
          売上高
      －   売上原価
          ─────────────────
          売上総利益            ❶ 本業での収益と費用
      －   販売費及び一般管理費
          ─────────────────
          営業利益
      ＋   営業外収益
      －   営業外費用            ❷ 本業以外で経常的に
          ─────────────────        得る収益と費用
          経常利益
      ＋   特別利益
      －   特別損失              ❸ 一時的に発生した
          ─────────────────        利益と損失
          税金等調整前当期純利益
      ±   税金等の調整          ❹ 税金などの調整
          ─────────────────
          当期純利益
```

「持分法による投資利益」と「非支配株主に帰属する当期純利益」

　ANAの営業外収益に「**持分法による投資利益**」が12億1,000万円計上されています。この勘定科目（損失の場合は営業外費用に計上）がある場合には、「関連会社」が存在します。関連会社はその持分に応じた純利益額だけが、営業外の収益または損失に計上されます。第2章4節で説明した「1行連結」が行われたわけです。

　一方、ANAの損益計算書には「当期純利益」の後に「非支配株主に帰属する当期純損失」が17億3,600万円計上され、その額を当期純利益に足し戻した額が「親会社株主に帰属する当期純損失」となっています。その分、親会社株主に帰属する当期純利益が増加しているわけです。

当期純利益	25,919百万円
非支配株主に帰属する当期純損失	▲1,736
親会社株主に帰属する当期純利益	27,655

　このことを説明しましょう。第2章4節で、「子会社は親子間の取引を除いてすべての勘定科目を合算する」と説明しました。子会社が、100％子会社でない場合もあります。例えば、株式の60％を親会社が保有するが、残りの40％は他の株主（「非支配株主」あるいは「少数株主」と言います）が保有するということもありえます。

　一方、税金を払った後の純利益は、本来株主に帰属する利益ですが、連結を行う際には、子会社の分もその全額が合算されます。しかし、子会社に非支配株主がいる場合には、その保有分は、本来、非支配株主のものです。その分を控除しているのが、「非支配株主

に帰属する当期純利益（損失）」なのです。利益が出ている場合には当期純利益から差し引き、損失が出ている場合にはその分を足し戻して「親会社株主に帰属する当期純利益（損失）」を計算します。

　いずれにしても、100％子会社でない子会社が存在する場合には、非支配株主に帰属する純利益（損失）を調整しなければならないということです。

経営者は営業利益、投資家は当期純利益が一番大事

　損益計算書を見ると、売上総利益、営業利益、経常利益、当期純利益といったいろいろな種類の利益が出てきます。もちろんどの利益も大切ですが、**経営の視点からもっとも重要なのは営業利益**です。

　なぜかと言うと、営業利益は、そのときの経営の良し悪しをすべて表す利益だからです。経営者が売上原価、売上総利益、販管費をうまくコントロールできているかは、営業利益を見れば一目瞭然で分かります。

　さらに、こんな理由もあります。例えば、前の経営者がたくさん借金をしていたら、新しい経営者が着任しても、しばらくは利息を払い続けなければなりません。つまり、支払利息は、どんな経営者であっても短期的にはコントロールできないのです。さらには、金利の変動もコントロールできません。

　ですから、支払利息が加味される経常利益は、そのときの経営者によって左右されるとは必ずしも言えないのです。

　その点、営業利益は1年の成績ですから、その時々の経営者の腕がもっとも反映されます。

　経営が悪化したときも、復活のカギを握るのは営業利益です。営

業利益を出さなければ、財務内容は改善しません。反対に、営業損失がずっと続いてしまうと、会社はつぶれる可能性が高まります。本業で利益を出せないのであれば、手の打ちようがないのです。

　もちろん、金利の支払いで会社がつぶれることもあるので、中長期的には財務内容を改善し、支払利息をコントロールすることも経営者にはとても大切なことですが、経営改善のためには、営業利益が十分に出ることが大前提です。

　一方、損益計算書をチェックする際には、支払利息もチェックする必要があることは言うまでもありません（第2章2節で説明した貸借対照表の負債の中にある借入金や社債残高もチェックしましょう）。

　反対に言うと、営業利益を出して、借金を返すなどして徐々に財務内容を良くしていけば、経常利益、純利益も伸びていきます。いずれにしても、すべては営業利益にかかっているのです。

　一方、**投資家は「（親会社株主に帰属する）当期純利益」にとても敏感**です。その額により配当が決まり、株価に大きな影響を及ぼすことが多いからです。もちろん、経営者は当期純利益にも大きな責任を負います。特別利益や特別損失は自分の責任ではないような考えを持っている経営者も中にはいますが、特別損失が大きく出てつぶれる会社もあります。

　それに耐えられる会社を作り、安定した株主還元をできるようにするのが経営者の責務であることは言うまでもありません。

　以上が損益計算書の構造です。全体を通して「収入－費用＝利益」の形が繰り返されていることがお分かりいただけたと思います。この時点では、この大まかな作りを頭に入れていただけるだけでかまいません。細かい項目や数字の読み方、注目すべきポイントは、この後、詳しく説明します。

実際の決算書で分析してみよう

　ここからは、実際に会社の損益計算書を見ながら、さらに詳しく読み方を説明していきます。ここでは、日本マクドナルドホールディングス（以下、マクドナルド）の2020年12月期決算の損益計算書を見てみましょう。

　まずは、売上高が前の期より増えているかどうかを調べます。マクドナルドの2020年12月期の売上高は2,883億3,200万円、前の期は2,817億6,300万円ですから、前の期より2.3％増えていることが分かります。

　売上高の内訳として、「直営店舗売上高」が1,931億900万円、「フランチャイズ収入」が952億2,200万円となっています。直営店での商品の売上げとフランチャイジーからのロイヤリティーなどの収入を分けて計上しているのです。コロナ禍で影響を受けた会社は多いのですが、マクドナルドの場合はテイクアウト需要などをうまく取り込み売上高を伸ばしました。

　決算短信には、業績が伸びた理由などが記載されているので、それも読んでおくと会社をより分析しやすくなります。

　売上高に関して1つ注意点ですが、売上高は製品やサービスが提供された時点で計上されます。つまり、売り上げてもお金を回収し

ていない場合がありうるということ。回収していない分の金額は、
貸借対照表の「売掛金・受取手形」の残高を見なければ分かりませ
ん。

　売上高だけを見て「売上げが増えたからいいだろう」と単純に考

■ 図表3-5　日本マクドナルドホールディングス 2020年12月期 損益計算書

	前連結会計年度 （自 2019年1月1日 至 2019年12月31日）	当連結会計年度 （自 2020年1月1日 至 2020年12月31日）
売上高		
直営店舗売上高	197,102	193,109
フランチャイズ収入	84,660	95,222
売上高合計	281,763	288,332
売上原価		
直営店舗売上原価	169,728	170,261
フランチャイズ収入原価	55,938	59,814
売上原価合計	225,666	230,075
売上総利益	56,096	58,256
販売費及び一般管理費	28,078	26,966
営業利益	28,018	31,290
営業外収益		
受取利息	115	123
受取補償金	351	547
受取保険金	254	349
貸倒引当金戻入額	-	65
受取手数料	259	58
その他	292	276
営業外収益合計	1,273	1,421
営業外費用		
支払利息	27	15
貸倒引当金繰入額	701	-
店舗用固定資産除却損	887	990
その他	187	279
営業外費用合計	1,804	1,286
経常利益	27,487	31,425
特別損失		
固定資産除却損	383	432
減損損失	149	438
特別損失合計	532	870
税金等調整前当期純利益	26,954	30,554
法人税、住民税及び事業税	9,531	10,140
法人税等調整額	537	226
法人税等合計	10,069	10,367
当期純利益	16,885	20,186
親会社株主に帰属する当期純利益	16,885	20,186

単位:百万円

えてはいけません。ここでは、利益が出ていたとしても、現金が入ってきていない可能性があるということだけ理解しておいてください。

売上高の伸びと原価の伸びを比較する

　売上高の次にある売上原価を見ると、2,300億7,500万円。前の期は2,256億6,600万円ですので、売上高と同様、原価も増えていることが分かります。

　ただ、売上高が増えても売上原価がそれ以上に増えてしまっては、売上総利益の幅が落ち込んでいる可能性があります。そこで計算するのが、「**売上原価率**」です。次の式で求められます。

売上原価率 = 売上原価 ÷ 売上高

　これが大きいほど、原価がかさんで利益が出にくいということです。マクドナルドの場合は、前の期が80.0％、この期が79.7％ですから、わずかですが減少しています。つまり、売上高が増えた分、売上原価は増えているものの、原価率が低減しているのです。

　売上高の伸び率は先にも示したように2.3％ですが、売上原価の伸びは1.9％と、売上高の伸び率より低く、コストコントロールが進んだと言えます。

　売上原価率と対になる指標として、「**売上総利益率**」があります。

売上総利益率 = 売上総利益 ÷ 売上高

　こちらは、数字が大きいほど売上総利益を出しているということです（売上原価率とは逆なので、「売上総利益率＝1－売上原価率」という式

でも計算できます)。マクドナルドの場合は、前の期が20.0%、この
期が20.3%です。前の期より0.3ポイント改善しています。

作れば作るほど利益が増えるトリック

　ここで売上原価を見る場合のとても大切な注意点を説明しておき
ましょう。先に、売上原価は、売り上げた分にかかった原価だけが
計上されると説明しました。では、まだ売れていない製品や仕入れ
た原材料にかかったお金は、どこに計上されているのでしょうか。
　それらはすべて、貸借対照表の「たな卸資産(在庫)」に入ります。
「たな卸資産」には、「製品及び商品」「仕掛品」「原材料及び貯蔵
品」という勘定科目が含まれるのです(第2章1節参照)。**仕入れたも
の、作ったものはいったんすべて貸借対照表のたな卸資産となり、
そのうち「売れた分」だけが売上原価となる**点に注意が必要です。
　マクドナルドの場合、たな卸資産は「原材料及び貯蔵品」という
項目で表されています。食品という商品の性格上それほど多くのた
な卸資産を持ちませんが、長期在庫が可能な商品などの場合には注
意が必要です。
　売上原価だけしか見なかった場合、大量の在庫を抱えている可能

■ 図表3-6　日本マクドナルドホールディングス　2020年12月期 貸借対照表(資産の部　流動資産)		
	前連結会計年度 (2019年12月31日)	当連結会計年度 (2020年12月31日)
資産の部		
流動資産		
現金及び預金	58,624	62,741
売掛金	19,496	21,668
➡原材料及び貯蔵品	1,151	1,141
その他	6,033	5,562
貸倒引当金	△9	△9
流動資産合計	85,296	91,104

単位:百万円

性を見落としてしまうおそれがあります。**売上原価は、必ず貸借対照表のたな卸資産の項目と一緒に見るようにしてください。**

なぜこの点を強調するかというと、次のようなケースが稀にあるからです。

会社が作り出す製品は、たくさん作るほど1個あたりの原価が安くなります。なぜでしょうか。

理由の1つは、原材料の仕入れが安くなるからです。原材料や仕入れは、一般的には大量に仕入れるほど安くなります。例えば、同じ仕入れでも、100個買うより1万個買うほうが1個あたりの価格が安くなりやすく、さらに、材料や商品を大量に仕入れることで、リベート（謝礼目的でもらうお金）がもらえる場合もあるため、仕入れ値をより下げられるのです。

もう1つの理由は、1個あたりの「固定費」が安くなるためです。固定費とは、売上げにかかわらず発生する費用のことで、製造にかかわる人件費や賃貸料、設備や建物の減価償却費などが含まれます。

例えば、ある製品を作るときに、固定費が5億円かかったとします。これを製品1個あたりにかかる費用として計算すると、1万個作った場合は1個あたり5万円。10万個作った場合は1個あたり5,000円になります。つまり、多く作れば作るほど、1個あたりの固定費が安く抑えられるのです。

原則的に、製品の原価は材料費などの「変動費」と減価償却費や人件費などの「固定費」を合計して計算されます（詳しくは、管理会計を説明する第5章で説明）。したがって、製品を多く作るほど、製品1個あたりの原価（製造原価）は変動費と固定費のダブルで安くなるというわけです。

すると、大量に原材料や製品の在庫を抱えていても、売れた分し

か売上原価として計上されないため、大量に仕入れて大量に作ることで1個あたりの製造原価や売上原価を下げ、売上総利益を上げられます。

　やろうと思えば、このような合法的なインチキができます。これは、財務会計の限界でもあります。**財務会計では、売上原価は売ったものやサービスに対して費用を計上するという考え方が原則だからです。あくまでも売れた分だけの費用**なのです。

　つまり、売上原価に関しては、売れていないものは費用化しません。売上原価は、製造原価や仕入れ額とは必ずしも一致しないのです（管理会計では、仕入れた分をすべてその期の費用とする考え方もあります）。

　ただ、在庫を増やせば現金は出ていくし、当然、資金繰りは悪くなります。積み上がった在庫は、売れ残って不良在庫になる可能性もあります。この点を見落としてはいけません。

　財務諸表の分析に慣れていない人は、ここでだまされることがあります。損益計算書だけを見て、「売上総利益率が高くて、すごくいい業績だ」と考えても、その裏側では大量の在庫を抱えている可能性があります。

　繰り返しになりますが、**売上原価を評価するときは、貸借対照表のたな卸資産も一緒に見ることが必要**なのです。

どれだけ効率良く稼いでいるかを測る

　引き続き、マクドナルドの損益計算書を見ていくと、「販売費及び一般管理費（販管費）」は、前の期より3.9％減の269億6,600万円です。売上高が増えているのに、販管費はうまくコントロールして減らしています。一般的に、販管費の中で大きなウエイトを占めるのは、管理部門の人件費や広告宣伝費です。

　ここで、「販管費率」を計算してみましょう。

販管費率 ＝ 販管費 ÷ 売上高

　販管費率は、売上高に対して販管費がどれだけ占めているかを示した指標で、これが高いほど販売管理コストが大きいということです。マクドナルドは、前の期が9.9％、この期は9.3％です。

　売上総利益から販管費を差し引いた「営業利益」は、前の期より11.7％増の312億9,000万円です。ここで計算してほしいのは、どれだけ効率的に営業利益を稼ぎ出しているかを示す「**売上高営業利益率**」です。

売上高営業利益率 ＝ 営業利益 ÷ 売上高

　売上高営業利益率は、数字が大きいほど効率良く営業利益を出しているということです。例えば、売上高は増えているのに営業利益が落ちている場合は、その分、売上原価や人件費などの費用が余計にかかっていると言えます。これが続くと、事業を拡大すればするほど、最終的に経営が厳しくなることにもなりかねません。

　マクドナルドの売上高営業利益率は10.9％。前の期は9.9％ですから、前の期より効率的に営業利益を稼いでいることが分かります。

　これまでたくさんの計算式が出てきましたが、損益計算書は「**額で見るとともに、率でも見る**」ことが大原則ですから、多少面倒でも1つ1つ計算してください。

「セグメント情報」事業別・地域別の業績で詳しくチェック

　損益計算書を見る場合、さまざまな事業を展開している会社や、海外進出をしている会社については、セグメント情報も一緒に見ることが大切です。

　セグメント情報には、国や地域別の売上高や利益をまとめた「地域別セグメント」と、事業ごとにまとめた「事業別セグメント」があります。その両方を載せている会社もありますし、片方だけの場合もあります。いずれも、一般的には決算短信の後ろのほうに、前の期のデータと並んで掲載されています（セグメントが大きく分けられ

■ 図表3-7　セブン&アイ・ホールディングス 2020年2月期 セグメント情報

当連結会計年度　（自 2019年3月1日 至 2020年2月29日）

	国内コンビニエンスストア事業	海外コンビニエンスストア事業	スーパーストア事業	百貨店事業	金融関連事業	専門店事業
					報告セグメント	
営業収益						
外部顧客への営業収益	969,257	2,737,775	1,841,346	570,694	179,262	338,198
セグメント間の内部営業収益又は振替高	1,979	2,057	7,774	6,938	38,104	1,462
計	971,236	2,739,833	1,849,121	577,633	217,367	339,660
セグメント利益又は損失(△)	256,601	102,001	21,307	797	53,610	4,690
セグメント資産	1,224,157	1,401,418	959,853	308,969	1,666,038	136,657
セグメント負債 (有利子負債)	—	219,041	—	160,999	348,261	17,743

当連結会計年度　（自 2019年3月1日 至 2020年2月29日）

	日本	北米	その他の地域	計	消去	連結
営業収益						
外部顧客への営業収益	3,744,516	2,781,724	118,118	6,644,359	-	6,644,359
所在地間の内部営業収益又は振替高	958	331	-	1,289	△ 1,289	-
計	3,745,475	2,782,055	118,118	6,645,649	△ 1,289	6,644,359
営業利益又は損失(△)	321,441	101,777	1,199	424,419	△ 152	424,266

ない会社の場合にはセグメント情報はありません)。

　海外展開に積極的な会社は、海外での売上高や利益が大きくなっています。セブン＆アイ・ホールディングス（以下、セブン＆アイ）は、近年北米での収益が増加していることがセグメント情報を見れば分かります。

　では、セブン＆アイの2020年2月期のセグメント情報を見てみましょう。

　まず事業別のセグメントを見ると、「国内コンビニエンスストア事業」「海外コンビニエンスストア事業」「スーパーストア事業」「百貨店事業」「金融関連事業」「専門店事業」「その他の事業」の7事業に分けて記載されています。

	その他の事業	計	調整額	連結財務諸表計上額
	7,777	6,644,312	47	6,644,359
	17,424	75,742	△ 75,742	―
	25,202	6,720,054	△ 75,695	6,644,359
	1,554	440,562	△ 16,296	424,266
	160,882	5,857,978	138,909	5,996,887
	―	746,044	236,915	982,960

単位:百万円

その中でも外部顧客への営業収益（売上高）が2兆7,377億円と格段に多いのは、海外コンビニ事業です。

国内のコンビニ事業と思った人も多いでしょうが、国内はフランチャイズ店が多いため、営業収益では9,692億円と海外の3分の1程度しかありません。

しかし、セグメント利益では、国内コンビニ事業が2,566億円と海外コンビニ事業の1,020億円を大きく上回っています。次に利益が多いのはセブン銀行などの金融関連事業で536億円。スーパーストア事業、百貨店事業は売上高に対する利益率がそれぞれ1.2％、0.1％と、さえない展開となっています。

地域別に見ても、利益額が大きいのは日本ですが、近年、北米での売上げ、利益が伸びています。コンビニ、スーパー、百貨店事業ともに、国内では飽和感が強いのですが、成長の一部を北米に置いていることがこのセグメント情報から分かります。

売上高は会社と社会との接点

少し経営哲学的な話をします。売上高は、商品や製品、サービスを提供することでお客さまからいただくお金です。これは**会社と社会との接点**だとも言えます。

ですから、売上高が上がらないということは、お客さまに喜んでもらえていないのです。見方を変えると、社会の中で会社の存在感が弱くなっているとも言えます。売上高が落ちた場合は、これらの点を考えなければなりません。

業界シェアを調べる場合は、一般的に各企業の売上高を比較します。利益などは見ません。ライバル企業との関係や自社のポジショ

ニングを考える場合も、売上高を重視しなければなりません。

　かなり前、私がある一部上場企業で管理会計のコンサルティングをしていたときの話です。その会社の社長が、私に「今年は減 収 増益 になります」と少し自慢げにおっしゃいました。「収」は売上高、「益」は利益を意味します。社長が言いたかったのは、不採算事業の売上高を落とし、利益率を上げて増益になるということでした。

　そのとき、私はこう申し上げました。「利益を出すという観点からは良いかもしれませんが、社会における自社のプレゼンスやポジショニングを考えると、売上高を減らすことはそれほどいいことではありません」と。利益だけ出ていればいい、というわけではないのです。

　ただ、そうは言うものの、製造業などの固定費が多くかかる業種について、注意しなければならない点があります。確かに売上高が増えるということは、お客さまに喜んでもらっていることでもあります。

　しかし、十分な利益が出なければ、売上高が伸びるほど、原材料費の増加や機械、工場などの設備投資がかさんで資金負担が増えてしまう面もあります。ですから、売上高と資金繰りは表裏の関係にあることも理解しておく必要があります。ましてや、利益が出ない売上げのために資金負担がかかるのでは大変です。

　資金負担の額は、キャッシュ・フロー計算書（第4章で説明）の「営業キャッシュ・フロー」を見れば分かります。その点を見極めるためにも、3つの財務諸表は、別々ではなく、あわせて分析する必要があるのです。

本業以外の収益や費用を調べる

　マクドナルドの損益計算書の分析に戻りましょう。「営業外収益」

■ 図表3-5再掲
日本マクドナルドホールディングス 2020年12月期 損益計算書

	前連結会計年度 （自 2019年1月1日 至 2019年12月31日）	当連結会計年度 （自 2020年1月1日 至 2020年12月31日）
売上高		
直営店舗売上高	197,102	193,109
フランチャイズ収入	84,660	95,222
売上高合計	281,763	288,332
売上原価		
直営店舗売上原価	169,728	170,261
フランチャイズ収入原価	55,938	59,814
売上原価合計	225,666	230,075
売上総利益	56,096	58,256
販売費及び一般管理費	28,078	26,966
➡営業利益	28,018	31,290
➡営業外収益		
受取利息	115	123
受取補償金	351	547
受取保険金	254	349
貸倒引当金戻入額	-	65
受取手数料	259	58
その他	292	276
営業外収益合計	1,273	1,421
➡営業外費用		
➡支払利息	27	15
貸倒引当金繰入額	701	-
店舗用固定資産除却損	887	990
その他	187	279
営業外費用合計	1,804	1,286
➡経常利益	27,487	31,425
➡特別損失		
固定資産除却損	383	432
減損損失	149	438
特別損失合計	532	870
税金等調整前当期純利益	26,954	30,554
法人税、住民税及び事業税	9,531	10,140
法人税等調整額	537	226
法人税等合計	10,069	10,367
➡当期純利益	16,885	20,186
親会社株主に帰属する当期純利益	16,885	20,186

単位:百万円

には、関連会社から得る利益以外にもさまざまな項目があります。

　例えば、本業は製造業でも、工場や本社ビルの一部を貸している場合は、「受取賃貸料」が計上されます。また、会社が保有する他

社の株式の配当金を得た場合は、「受取配当金」に計上されます。第2章3節で説明しましたが、自社の株主に支払う配当金は、貸借対照表の「利益剰余金」から支払われるので、「営業外費用」には出てきません。いずれにしても、本業とは関係のない収益がここに計上されています。マクドナルドの場合、「受取利息」や「受取手数料」などの勘定科目が並びます。

　営業外費用も同様に、本業とは関係のない費用がまとめられています。ここで注意する勘定科目は「**支払利息**」です。マクドナルドはわずかな額しかありませんが、特に財務内容があまり良くない会社、つまり有利子負債を多く抱えている会社は、支払利息額に注意が必要です。また、マクドナルドでは「店舗用固定資産除却損」が9億9,000万円、ここに計上されています。

　また、会社によっては外国為替相場に大きな変動があると、「為替差損」がふくらむこともあります。為替差損とは、保有する外貨建ての資産が、為替相場の変動によって価値が下がった場合に計上されます。

　営業利益に営業外収益を足して営業外費用を差し引くと、「経常利益」が計算されます。マクドナルドは前の期より14.3％増の314億2,500万円です。これが本業とそれに付随する事業から「経常的に」得られる利益です。

**　本業での実力値が営業利益だとすれば、本業を含めて経常的に起こりうるすべてのことを含んだ実力値が経常利益**だと言えます。

資産が想定したほどの利益を稼げなければ損失計上

　ここからさらに、一過性の利益や損失をまとめた「特別利益」と「特別損失」を見ていきましょう。マクドナルドの場合、特別利益はなく、特別損失はそれほど大きな額ではありません。特別損失で

は「固定資産除却損」が4億3,200万円計上されていますが、これは、固定資産を除却した際に資産計上されていた簿価を減額するときに発生する損失です。

　また、金額はそれほど大きくありませんが「減損損失」も4億3,800万円計上されています。第2章1節で説明しましたが、「減損」とは工場や機械、建物などの資産が、思ったほどの利益（キャッシュ・フロー）を生み出さない場合に、その貸借対照表上の価値を下げることを言います。

　減損は早めに、そして必ず出すというのが大原則。しかし、一般的に、会社の本音としてはあまり出したくないときもありますから、監査法人が減損をするように指摘することが少なくありません。

　減損損失に関して経営上注意が必要なのは、景気が悪く営業利益が出ないときに、減損が必要になることが多い点です。営業利益が出ないうえに、特別損失として減損損失を計上しなければならないという「ダブルパンチ」をこうむることが少なくないのです。

　2014、2015年ごろ、マクドナルドの業績が低迷していたときには、数十億円単位での減損損失を計上していたことがありました。それでもマクドナルドは財務的に余裕があったので、投資有価証券の一部を売却して「益出し」をすることなどで特別利益を計上し、減損損失による純利益の目減りをカバーしました。

経営者は最後の利益、当期純利益まで責任を持つ

　ここまでの流れを復習します。まず、売上高があり、そこからその売り上げた商品・製品、サービスを作り出すために直接必要な費用である売上原価を差し引いたものが売上総利益です（売上原価は売れた分だけ計上することがポイント）。

　そして、そこから販売費及び一般管理費を差し引いたものが、営業利益となります。本業から得た利益です。

　そこから本業以外での経常的な収益や費用（営業外収益、費用）を加味した経常利益を算出し、さらに一過性の利益と損失を調整して「税金等調整前当期純利益」が計算できます。最終利益である「当期純利益」が出るまで、あともう少しです。

　先にも述べましたが、重要なことなので再度説明しておきます。経営者の中には、「当期純損失になっても、経常利益が出ていればいいのではないか」と考える人たちがいます。

　当期純利益とは、会社が日常的に行っているオペレーションで得た利益から、一過性の利益や損失である特別利益や特別損失、税金などを調整したものでした。ですから、「経常利益さえ出ていれば、一時的な損失によって当期純損失になっても、自分の責任ではない。例えば台風が来て損害が出ても、それは自分のせいではないからね」という言い訳をする経営者がいます。

　しかし、そうは言っても、会社は当期純損失が多ければ、利益の蓄積である利益剰余金がどんどん減っていき、場合によっては倒産してしまいます。ですから、想定外の問題が起きて赤字になったとしても、経営者に責任がないとは絶対に言えません。株主は、企業価値を大幅に減少させれば評価しません。ましてや倒産となったらなおさらです。

　株主に対する責任という意味からも、会社を永続させるという意味からも、「当期純利益が出ないのは自分の責任ではない」と経営者が言うのはおかしいのです。そして、もし会社がつぶれてしまったら、社員はどうするのでしょうか。

　台風や地震などの災害が起こり、工場が壊れたとしても、保険をかけておけばいいのです。受け取った保険金は特別利益に計上され

ますから、特別損失と相殺されます。

　先ほど分析したマクドナルドのように、減損損失が出たとしても、これまでの蓄えを有価証券などの形で保有していれば、それを売却して利益を出すこともできます。

　経営者は、常に不慮の事態を想定し、備えておかなければなりません。松下幸之助さんが、常に余裕を持った「ダム経営」を推奨されていたのもそうした理由からです。いずれにしても、**経営者はすべての利益、最後の当期純利益まで責任を持つという自覚が必要**なのです。

「税効果会計」による税金額の調整

　「法人税等調整額」の部分を簡単に説明すると、上場企業では「税効果会計」が適用され、実際に支払う額ではなく、理論上、支払うべき税額を算出しています。

　財務会計と税金計算のための税務会計では、費用と損金のとらえ方の違いから、利益（税務会計上は「課税所得」）の算出方法が異なります。序章でも少し触れましたが、実際に支払う税額と、財務会計上の利益から今期理論的に支払うべき額が違うのです。

　簡単な例で説明しましょう。銀行はつぶれそうな貸出先に対しては、そのリスクに応じて「引当金」を積まなければなりません。そして、それを財務会計上はその期の費用として計算します。しかし、税法上は、実際に相手が倒産するまでは、税務上の費用である「損金」としては計上することが認められません。

　つまり、実際に税金が安くなるのは、実際に相手が倒産したときであって、財務会計上の費用を計上したときではありません。しかし、その税金分は将来戻ってくる可能性があるものですので、財務会計上は、引当金を積んで費用（損金ではない）を計上したときに、その分理論上は税金も戻ってきたとして調整を行い、「理論上の」税額を計算します。それが「税金等調整額」に計上されて、「当期純利益」に反映されるという手順です。

　「非支配株主に帰属する当期純利益（損失）」については、先にANAの損益計算書を取り上げたときに説明しました。100％保有していない子会社があるということですが、マクドナルドの場合は当期純利益と同額で、100％でない子会社はないということです。

日本と海外の会計基準の違い

　現在の日本では、日本基準、IFRS、米国基準の主に3つの会計基準で財務諸表を作ることが認められています。IFRSはもともと欧州の基準（国際会計基準）がベースとなっていますが、現在では、IFRSと米国基準の統合が進みつつあります。

　損益計算書の構成は、日本基準とIFRS、米国基準では大きく異なります。

　1つめの違いは、IFRSや米国基準では経常利益や特別利益（損失）がなく、日本基準ならそれらで調整される勘定科目はすべて営業利益の段階で調整されていることです。日本基準に慣れている人にとっては結構見づらいものです。

　そして、もう1つの大きな違いは「包括利益」という概念です。日本基準では、会計期間の事業などでどれだけの利益を得たのか失ったのかということが重要です。

　一方、IFRSや米国基準では、それに加えて、資産や負債の額の変化によって（評価益・評価損も含めて）、株主に帰属する純資産がどれだけ増減したかに注目します。その純資産の増減まで含めた利益が「包括利益」です。資産、負債の実質的増減に重きを置いているとも言えます

■ 図表3-8　ソフトバンクグループ 2020年3月期 連結経営成績の概況

3月31日に終了した1年間

	2019年	2020年	増減	増減率
継続事業				
売上高	6,093,548	6,185,093	91,545	1.5%
営業利益（ソフトバンク・ビジョン・ファンド等SBIA の運営するファンドからの営業利益を除く）	816,995	566,712	△250,283	△30.6%
ソフトバンク・ビジョン・ファンド等SBIA の運営するファンドからの営業利益	1,256,641	△1,931,345	△3,187,986	─
営業利益	2,073,636	△1,364,633	△3,438,269	─
財務費用	△341,937	△300,948	40,989	△12.0%
持分法による投資損益	320,101	638,717	318,616	99.5%
持分変動利益	44,068	339,842	295,774	671.2%
為替差損益	10,894	△11,107	△22,001	─
デリバティブ関連損益	158,423	△71,811	△230,234	─
アリババ株式先渡売買契約決済益	─	1,218,527	1,218,527	
FVTPLの金融商品から生じる損益	36,832	△668,463	△705,295	─
ソフトバンク・ビジョン・ファンド等SBIAの運営するファンドにおける外部投資家持分の増減額	△586,152	540,930	1,127,082	─
その他の営業外損益	△33,192	△285,562	△252,370	760.4%
税引前利益	1,682,673	35,492	△1,647,181	△97.9%
法人所得税	△237,023	△797,697	△560,674	236.5%
継続事業からの純利益	1,445,650	△762,205	△2,207,855	─
非継続事業				
非継続事業からの純利益	8,968	△38,555	△47,523	─
純利益	1,454,618	△800,760	△2,255,378	─
親会社の所有者に帰属する純利益	1,411,199	△961,576	△2,372,775	─
包括利益合計	1,502,295	△1,290,339	△2,792,634	─
親会社の所有者に帰属する包括利益	1,440,235	△1,425,587	△2,865,822	─

単位：百万円

収 益 力 を 測 る

効率良く稼いでいるかを見る「資産回転率」

　損益計算書を分析するうえで重要な指標の1つは「資産回転率」
です。貸借対照表の数字も使って計算します。計算式は、次のよう
になります。

$$資産回転率 = 売上高 ÷ 資産$$

　これは、会社が持つ資産が売上高を上げるためにどれだけ貢献し
ているかを示した数字です。例えばマクドナルドの場合は、2020
年12月期で売上高が2,883億3,200万円、資産合計が2,329億8,400
万円ですから、資産回転率は1.23倍となります。単位は「％」では
なく「倍」。資産の有効活用度合いを表します。

　製造業の場合はだいたい1倍くらいが標準です。この指標は、業
種によって数字が大きく異なるので注意が必要です。例えば、ソフ
トウエアを作る会社は、工場や土地などの資産はほとんどいりませ
ん。「人は財産」と言われますが、人材は資産に入りません。

　すると、売上高に比べて資産額が非常に小さくなるので、資産回
転率が高くなるのです。一方、製造業の場合は、製造装置や工場な
どが必要になるため、1倍程度の水準になります。

　1つ具体例を出しましょう。JR東海の場合、2020年3月期の売上高は1兆8,446億4,700万円、資産合計は9兆6,031億2,600万円ですから、資産回転率は0.19倍。製造業の標準の4分の1以下の水準です。鉄道会社のように、たくさんの資産がなければ経営できない装置産業は、資産回転率が低くなるのです。

　資産を買うためにはお金が必要ですから、巨額の資金を調達できなければ装置産業は経営できません。ただ、裏を返せば、それが参入障壁になっているとも言えます。反対に、資産回転率が高いIT業界やコンサルティング業界などは、事業を始めるときに資金がほとんど必要ありませんから、やろうと思えばすぐに参入できます。

　この仕組みをうまく利用して、事業を大きく拡大させた会社があります。ソフトバンクです。そもそも、孫正義氏は、なぜ携帯電話事業に参入したのでしょうか。携帯電話事業が将来的にも安定したビジネスということはもちろんありますが、巨額の設備投資が必要だから、つまり参入障壁が高いという理由もあります。

　孫氏は最初、ソフトウエアを販売する小さな会社を作りました。彼は商売が上手なので、地道に資金を稼ぎ、ファイナンス力を高めます。ある程度資金がたまると、次に高速インターネット接続サービスADSLの事業に参入しました。この事業は、最初に比較的大きな額の投資が必要ですから、ふつうの人がすぐに手がけられる事業ではありません。

　そして、ADSLで会社の規模を大きくし、さらにファイナンス力をつけたところで、携帯電話事業に参入。2兆円もの莫大な借金をして、英国の携帯電話大手ボーダフォンの日本事業を買収したのです。その後、どんどん収益力を高め、2013年には米携帯電話大手のスプリントを買収、会社の規模をいっそう大きくしました。さらに増加したファイナンス力を利用し、半導体設計大手のアームを買

収しました。

　このように、孫氏は資本の優位性を活かせる業界、つまり参入障壁の高い業界にどんどん進出していったのです。その後、他のファイナンス手段としてサウジアラビア政府などと10兆円の投資ファンドを設立しました。

　ソフトバンクグループの資産回転率を計算してみましょう。携帯電話事業を分離する前の2018年3月期決算の売上高は9兆1,587億6,500万円、資産合計は31兆1,804億6,600万円ですから、資産回転率は0.29倍。非常に低い水準です。

　ファンド的な要素を高めていて資産効率が悪いのですが、それが反対に高い参入障壁になっているというわけです。

　参入障壁は高ければ高いほど新しく参入することが難しいのですが、その反面、障壁の高さが利益につながります。つまり、参入さえしてしまえば、大きな利益を得ることができるのです。

　ソフトバンクは、ソフトウエア販売からより参入障壁が高い携帯電話事業へとシフトし、さらにそのファイナンス力を利用して事業形態を変えていったと言えるでしょう。

　しかし、そのような事業形態の場合、大きな資産を持つ分、負債などでの資金調達が増え、自己資本比率が下がるという問題点も抱えています。また、ファンド事業に軸足を移しつつありますが、当然事業リスクもこれまで以上に抱えることになります。

効率良く稼ぐことと安全性とは別のもの

　資産回転率の補足として、**効率良く利益を稼ぐことと会社の安全性は別**、ということを説明しておきます。

　先ほども説明しましたが、例えば、私の会社のようなコンサルティング業などは、売上高の割に資産の規模が小さいという特徴があります。建物を保有しているわけではありませんし、資産はパソコンぐらいしかありません。現預金は多少持っていますが、それほど多く持っていなくても経営することができます。たくさんお金を借りる必要もないので、負債の額も小さいのです。

　すると、それなりの利益が上がると、財務内容がすごく良くなります。第1章2節で説明しましたが、具体的には、会社の中長期的な安全性を示す「自己資本比率」や、短期的な安全性の目安となる「流動比率」が非常に高くなり、初心者にとっては財務諸表がピカピカに見えます。

　ただ、このような資産回転率が高い会社は、資産規模が小さいために、いざというときに事業を維持するための余裕がないとも言えます。売るものがないからです。

　例えば、次の期に大不況がやって来て、売上高が極端に下がってしまった場合、社員の雇用を維持するための人件費やオフィスの家賃などの費用が払えなくなってしまうこともあるのです。

　ですから、資産回転率が高い会社は、貸借対照表だけを見て期末の時点で非常にすばらしい内容であったとしても、不況に対する抵抗力が弱く、景気が悪くなるとあっという間に事業が立ちいかなくなる場合があります。

　資産規模の大きな会社であれば、土地でも建物でも一部の事業で

も、万が一のときには切り売りすることができますが、資産が小さい会社はそれができません。

　このように、**効率性と安全性とは裏腹な場合がある**のです。

　また、資産回転率は、新たな投資をすべきかどうかの判断の際の指標にもなります。例えば、トヨタ自動車は、2020年3月期には、親会社株主に帰属する当期純利益を2兆761億8,300万円計上しました。これは、第2章3節で説明したように、貸借対照表の利益剰余金に入ります（そこから配当などが支払われます）。

　こうして利益剰余金がふくらんでいくと、資産規模も増大します。すると、資産回転率は悪化していきます。

　ちなみに、トヨタの同期の売上高は29兆9,299億9,200万円、資産は52兆6,804億3,600万円ですから、資産回転率は0.57倍です。つまり、もうかる会社は自然に資産回転率が落ちてくるのです。ここで、ふくらんだ資産を使って、資産効率が上がるような投資をできるかどうかということも、収益性や成長のカギになります。

　このように、もうかれば資産が拡大して安全性は高まりますが、資産を使って効率良く投資しているかどうかはよく見極めなければなりません。

　貸借対照表と損益計算書の数字を組み合わせて計算する指標には、ROA（資産利益率）やROE（自己資本利益率）、また、資本の調達コストを計算するWACC（加重平均資本調達コスト）などがあります。これらに関しては第6章で詳しく説明します。

損益計算書は最低3期分調べる

　損益計算書は、最低3期分（3年分）のデータを見比べてください。**3期分の数字を比較して、売上高などの「額」が伸びているか、また、売上総利益率のような「率」が改善しているか、という点を調べます。**

　さらに、業績のベースとなる経済情勢にも注意しなければなりません。例えば、日本では2011年3月11日に東日本大震災が起きました。それを境に、一部の製造業は業績が大幅に落ち込みました。また、2020年にはコロナ禍が起きました。これらは各社のせいではなく、地震や新型コロナウイルスといった外的要因が大きいものです。

　しかし、東日本大震災の場合は、その後、米国や中国の経済成長や、アベノミクスによる「異次元緩和」とまで呼ばれた金融政策のおかげで、長期間の景気拡大を享受しました。これも外的要因です。さらにその後は、米中貿易摩擦の影響が一部の業種に影を落としています。コロナ禍の影響も長く尾を引いています。

　どんなに大きな会社でも、社会や経済の大きな流れには勝てません。偶然かもしれませんが、「会社」という文字が「社会」の逆になっているように、会社は社会の一部なのです。**経済情勢や世の中の大きなニュースに、常に注意し続けることが大切**です。

　もう少し踏み込むと、その会社、業種がどの国の経済の動きに影響されやすいのか、という部分まで分析しておくとよいでしょう。

　例えば、トヨタやホンダなどの自動車メーカーは、海外での収益の割合が大きいため、国内経済だけでなく世界経済、特に米国経済や中国経済の影響を受けやすくなっています。そのため、2008年のリーマンショック後の世界同時不況や2010年のユーロ危機など

が起こったときには、業績が大幅に落ち込みました。貿易摩擦の影響を受けやすく、コロナ禍でも打撃を受けています。

　一方、パナソニックなどの家電は他社との差別化が難しくなりコモディティ（だれでも作れる一般商品）化してしまったため、かつてと違って競争力が弱くなりました。家電の場合は、海外のライバル会社の動向も気になります。

　さらには、先ほどの自動車もそうですが、為替レートに影響を受ける業種も少なくありません。これは、海外進出企業だけではなく、2015年ごろから急増したインバウンド消費の恩恵を受ける百貨店業界などもそうでした（コロナ禍でインバウンド消費は消滅しました）。

　経営者は、長期的にどこに市場があるのか、どのように差別化できるかを考えなければなりません。医薬品などの事業は、ある日突然新薬を作ることはできません。長い研究開発の時間をかけ、多額の資金を投入しなければ、商品化できないからです。長期的なビジョンを持ち、差別化できる分野を開拓できる会社こそが成功すると言えます。

どんな会社が高収益と言えるのか

　高収益企業とは、どんな会社でしょうか。私なりの定義があります。それは、「**付加価値に対して20％くらいの利益が出ている会社**」です。ここで言う「付加価値」とは、卸売業や小売業の場合は売上総利益にあたります。

　製造業の場合は、売上総利益に製造にかかる人件費（労務費）と製造にかかる減価償却費を足し戻したものです。つまり、おおむね売上高から仕入れを引いた金額だと考えればいいでしょう。

　この付加価値の20％にあたる金額くらいの営業利益が出ていれ

■ 図表3-9　付加価値とは何か

卸売業や小売業など
付加価値 ＝ 売上総利益

製造業
付加価値 ＝ 売上総利益 ＋ 労務費 ＋ 製造にかかる減価償却費
　　　　 ≒ 売上高 － 仕入れ

ば、私の経験則上、高収益企業だと言えます。京セラの創業者であり日本航空（JAL）を再生させた稲盛和夫氏は、「高収益の定義は、売上高営業利益率が10％を超える企業」とおっしゃっています。一般的にはそれでも大丈夫なのですが、売上高に対する付加価値率は業種によってかなり違うので、同じ基準で見るのは難しい場合もあります。

　例えば、私たちのようなコンサルティング業の場合、仕入れはほとんどなく、売上高のほとんどが付加価値になるため、売上高営業利益率が10％を超えることは難しくありません。

　ところが、卸売業だと、売上高のうち仕入れにかかる割合が大きいことから、営業利益率が10％を超すことはとても難しくなります。その基準を満たそうとすれば、社員に満足な給料が払えなくなります。大方の製造業では、売上高営業利益率10％の基準は適切でしょう。

　その点、付加価値をベースにすれば、どの業種にもあてはめることができるので、客観性が高いと私は考えています。会社の収益性を調べるときには、営業利益が付加価値の20％を超えているかどうかにも注意してください。

同業他社と比べると分かること

　損益計算書は、同業他社の数字とも比べることが必要です。それぞれの会社の売上原価率や売上高営業利益率などを計算し、比較してみてください。

　そうすることで、各社がどれだけ効率的に稼いでいるのか、どのように利益をあげているのかがよく分かります。

　例えば、同業他社に比べて売上原価率は低いけれど、販管費率が高い会社があるとします。ここから、「製品の品質確保より、広告宣伝にお金をかけて自社の製品をアピールしている会社なのではないか」という仮説が成り立ちます。そうした会社が、お客さまにとっていいかどうかは別の話です。

　反対に、売上原価率が高く販管費率が低い会社の場合、製品の品質が高い可能性があります。

　同業の場合、売上原価率や販管費率などはある程度横並びですが、それでも各社で違いがあることが少なくありません。

　今はインターネットで上場企業の財務諸表が決算短信から簡単に閲覧できますので、調べてみるとおもしろいでしょう。特に、自社の同業他社の数字は注意深く見てください。

　ここまで損益計算書を説明してきました。次章では、キャッシュ・フロー計算書を説明します。

　こちらは、会社のキャッシュ（現預金）の流れを「営業」「投資」「財務」の3つに分けて分析するものですが、ちょっとしたポイントをつかめば難しくありません。

第 4 章

会社に将来性はあるか

──キャッシュ・フロー計算書

キャッシュ・フロー
計算書のしくみ

　この章では、「キャッシュ・フロー計算書」を解説します。キャッシュ・フロー計算書とは、会社の「キャッシュ（現預金）」の流れを表した財務諸表です。「営業活動」「投資活動」「財務活動」という3つのセクションついて、どのような形でどれだけのキャッシュが出入りしているかがまとめられています。

　上場企業では、国際会計基準導入の一環として2000年3月期決算から開示が義務づけられました。

　「**営業キャッシュ・フロー**」は、通常の営業活動でどれだけのキャッシュを得たか、なくしたかを、「**投資キャッシュ・フロー**」では投資活動でどれだけのキャッシュを使ったか、あるいは投資売却により得たかを表します。

　「**財務キャッシュ・フロー**」では、借入れや増資などでどれだけのキャッシュを得たか、あるいはその返済などでどれだけ使ったかと、配当などの株主還元をどれだけ行ったかを表しています。

　後に詳しく述べますが、**営業キャッシュ・フローを稼ぎ、それを投資キャッシュ・フローで使い、その差額を財務キャッシュ・フローで調整する**という形です。理想的なのは、「営業キャッシュ・フロー」で稼いだ範囲内で、「投資キャッシュ・フロー」と「財務キャッシュ・フロー」のマイナス分をカバーできているという状態です。

キャッシュ・フロー計算書からは、会社のキャッシュの流れとともに将来性が読み取れますが、なぜキャッシュの流れからそれが分かるのでしょうか。

大きく分けて2つのポイントがあります。1つは、**会社の力の源泉であるキャッシュをどれだけ稼いでいるか**。後に説明しますが、営業キャッシュ・フローや、会社が自由に使えるお金である「**フリーキャッシュ・フロー**」をどれだけ稼げているかを知ることができます。

もう1つは、**それを設備投資やM&Aなどにどれだけ投資しているか**。設備投資などをするということは、それだけ事業を未来に向けて積極的に拡大しようとしていることになります。あるいは、財務改善にどれだけ使っているかなどの、ファイナンスの状況を読み解けます。これらは成長の源泉となりますから、会社の伸びしろを測ることができるのです。

まずは、キャッシュ・フロー計算書の基本的な構造から説明していきましょう。ここでは、ユニクロなどを運営するファーストリテイリングの2020年8月期のキャッシュ・フロー計算書（IFRS基準）を使って説明しましょう。IFRS基準ですが、基本的には日本基準と大きな違いはありません。

「営業キャッシュ・フロー」は通常の業務でのお金の出入り

まずは、「**営業活動によるキャッシュ・フロー（営業キャッシュ・フロー）**」です。通常の業務で、どれくらいのキャッシュが、どのような形で出入りしているかを示したものです。ファーストリテイリングの場合は、2,648億6,800万円です。

一番上の項目は、「利益」（日本方式の場合は、「税金等調整前当期純利益」。税金を払う前の当期純利益。ファーストリテイリングでは「税引前利

■ 図表4-1 ファーストリテイリング 2020年8月期 キャッシュ・フロー計算書

	前連結会計年度 (自 2018年9月1日 至 2019年8月31日)	当連結会計年度 (自 2019年9月1日 至 2020年8月31日)
営業活動によるキャッシュ・フロー		
税引前利益	252,447	152,868
減価償却費及びその他の償却費	48,476	177,848
減損損失	3,444	23,074
受取利息及び受取配当金	△12,293	△9,724
支払利息	4,369	7,706
為替差損益(△は益)	13,107	△1,503
持分法による投資損益(△は益)	△562	△321
固定資産除却損	650	1,125
売上債権の増減額(△は増加)	△6,302	△4,164
棚卸資産の増減額(△は増加)	38,145	△2,665
仕入債務の増減額(△は減少)	△16,426	18,600
その他の資産の増減額(△は増加)	2,932	10,686
その他の負債の増減額(△は減少)	36,881	△44,567
その他	1,719	8,776
小計	366,589	337,738
利息及び配当金の受取額	10,533	8,546
利息の支払額	△3,848	△6,783
法人税等の支払額	△74,263	△75,460
法人税等の還付額	1,493	827
営業活動によるキャッシュ・フロー	300,505	264,868
投資活動によるキャッシュ・フロー		
定期預金の預入による支出	△103,619	△88,714
定期預金の払出による収入	92,252	83,502
有形固定資産の取得による支出	△41,567	△46,500
無形資産の取得による支出	△24,177	△21,008
使用権資産の取得による支出	―	△1,808
敷金及び保証金の増加による支出	△7,490	△7,171
敷金及び保証金の回収による収入	4,304	6,394
その他	1,541	△673
投資活動によるキャッシュ・フロー	△78,756	△75,981
財務活動によるキャッシュ・フロー		
短期借入金の借入による収入	17,145	35,019
短期借入金の返済による支出	△16,789	△21,546
長期借入金の返済による支出	△4,433	△4,343
社債の償還による支出	△30,000	―
配当金の支払額	△48,975	△48,995
非支配持分からの払込みによる収入	592	―
非支配持分への配当金の支払額	△8,773	△2,328
リース債務の返済による支出	△11,377	―
リース負債の返済による支出	―	△141,216
その他	182	142
財務活動によるキャッシュ・フロー	△102,429	△183,268
現金及び現金同等物に係る換算差額	△32,496	1,393
現金及び現金同等物の増減額	86,822	7,011
現金及び現金同等物期首残高	999,697	1,086,519
現金及び現金同等物期末残高	1,086,519	1,093,531

単位:百万円

益」）が載っていて、ここから現金の出入りを調整していくという作りになっています。こうした手法は、専門的には「間接法」と呼ばれています。

　現金の出入りの調整とは、具体的にどのように行うのでしょうか。例えば、一番上にある利益は、第3章で詳しく説明したように、売上高から費用を順に差し引き計算された金額です。

　ただし、売上高の中には、売ったけれども回収していないお金（売掛金・受取手形など）も含まれています。ですから、正確にキャッシュがどれだけ入ってきたかを考えるときは、売上高から、売ったけれど回収していないお金を引き算しなければなりません。

　反対に、前の期に売って、この期に回収したお金もありますから、その分は足し算して調整する必要があります（つまり、売掛金などの増加分から回収分を引いた差額を調整します）。

　ファーストリテイリングでは「売上債権の増減額」という項目で、金額は▲41億6,400万円。これが売掛債権を回収し、あるいは新たに売掛債権となったものの差額です。マイナスだから売掛債権の増加のほうが多いということです。売掛債権が増加した分だけキャッシュ・フローがマイナスとなります。

　同じように、費用の中でも、買ったけれど買掛金となって支払っていないものがありますから、それは「キャッシュが出ていっていない金額」として足し算します。

　反対に、前の期に買って買掛金にしていたものをこの期に支払った分もありますから、それは引き算します（「仕入債務の増減額」という勘定科目で186億円）。これも、支払いと増加の差額ですが、こちらは買掛債務が増えた分だけキャッシュ・フローが良くなっています。

　たな卸資産も同様です。たな卸資産の項目でキャッシュ・フロー

がプラスの金額になっている場合は、その分在庫が売れたということ。反対にマイナスになっている場合は、在庫が積み上がったということ。ファーストリテイリングでは、2020年8月期では、前期に比べ26億6,500万円、たな卸資産が減少したということになります。

　もう1つ注意すべき点があります。キャッシュ・フロー計算書に「減価償却費及びその他の償却費」という項目があります。

　復習になりますが、減価償却とは長期間にわたって使う予定の資産のうち、価値が長期的に減っていくものに関しては、使う期間に応じて価値を落とし、その分を費用化するという考え方でした（第2章1節参照）。その価値を減らした分は、損益計算書上、「減価償却費」として費用になります。ただ、この分は費用としては計上されているものの、実際のお金は出ていくわけではありません。あくまでも価値の目減り分だからです。

　そこで、キャッシュ・フロー計算書では、減価償却費を足し戻すといった調整を行うのです（ファーストリテイリングでは1,778億4,800万円）。ほかに、減損損失や有価証券などの評価損（益）など、キャッシュが出ていかない（入ってこない）損益項目の調整も行います。

　このように、キャッシュ・フロー計算書は、決算をする時点で利益を起点に、入ってきたお金と出ていったお金を調整するという形になっています。世界中のほとんどの国で、キャッシュ・フロー計算書はこうした間接法によって作られています。

　ここから分かることは、**利益とキャッシュ・フローは違う**ということです。ですから、たとえ利益が出ていても、回収していないお金が増えれば、キャッシュ・フローはマイナスになります。そのマイナス分が大きくなると、いわゆる黒字倒産に至ってしまうこともあるのです。

　なお、間接法に対して「直接法」という作り方もあります。直接法は、実際に入ってくるお金をプラスの金額、出ていくお金をマイナスの金額として、すべてキャッシュベースで計算する方法ですが、従来の伝票とともにキャッシュ用の伝票を作らないといけないなど、手間がかかるので採用している国はほとんどありません。

営業キャッシュ・フローは必ずプラスに

　「営業活動によるキャッシュ・フロー」は、一番上にある利益から減価償却費を足したり、たな卸資産の増減を調整したりすると説明しました。

　とても重要なのは、**営業活動によるキャッシュ・フローは、経営していくうえで必ずプラスになっていなければならない**ことです。なぜかと言うと、会社が継続的にキャッシュを稼ぐ源泉は、この営業キャッシュ・フローしかないからです。

　もちろん、別のところでキャッシュを稼ぐことも可能ですが、それは資産を売却したり、借金や増資をしたりすることなので、健全性という観点からは問題がある場合もあります。

　1期くらい営業キャッシュ・フローがマイナスになっても問題は小さいかもしれませんが、その状態が連続してしまうと、そのうち会社は立ちいかなくなります。

　キャッシュがなくなると会社はつぶれます。倒産とまでは行かなくても、会社が固定資産を買ったり、M&A（会社の合併・買収）をしたり、借金を返済できたりするのも、源泉となる営業キャッシュ・フローがきちんと稼げていてこそです。

　キャッシュ・フロー計算書の3つのセクションのうち、営業キャッシュ・フローだけはプラスになっていなければなりません。

　大塚家具の2020年4月期のキャッシュ・フロー計算書を見ると、

以下のようになっています。

営業キャッシュ・フロー　　▲69億6,800万円
投資キャッシュ・フロー　　13億9,300万円
財務キャッシュ・フロー　　65億4,900万円

　つまり、営業活動で大きな損失（純損失が77億1,800万円）を出しているため、営業キャッシュ・フローも大きなマイナスで、投資キャッシュ・フローがプラスになる資産の売却と、財務キャッシュ・フローをプラスにする活動（具体的にはヤマダデンキからの増資）で資金をまかなっていることが分かります。もちろんこのような状態は健全ではありません。

「投資キャッシュ・フロー」はどれだけ投資に積極的かを表す

　2つめのセクションの「**投資活動によるキャッシュ・フロー**（**投資キャッシュ・フロー**）」は、会社が投資にどれくらいの資金を使い、回収できているかを示したものです。2020年8月期のファーストリテイリングの場合は▲759億8,100万円です。

　「投資活動」というのは、大まかに分けて2種類あります。1つは、事業を行ううえで必要な投資です。例えば、土地や建物などの有形固定資産やソフトウエアなどの無形資産を購入すること。会社の買収なども含まれます。もう1つは、ファイナンス的な投資で、3カ月以上の定期預金や株式、債券投資などが含まれます。

　投資をするとお金が出ていくわけですから、**基本的に投資キャッシュ・フローはマイナスの金額になります**。さらに言えば、マイナス額が大きいほど、投資に積極的だと読み取れます。特に、有形、無形の固定資産や会社の買収などに投資している場合です。

■ 図表4-2　ファーストリテイリング 2020年8月期 投資キャッシュ・フロー

	前連結会計年度 (自 2018年9月1日 至 2019年8月31日)	当連結会計年度 (自 2019年9月1日 至 2020年8月31日)
投資活動によるキャッシュ・フロー		
定期預金の預入による支出	△103,619	△88,714
定期預金の払出による収入	92,252	83,502
有形固定資産の取得による支出	△41,567	△46,500
無形資産の取得による支出	△24,177	△21,008
使用権資産の取得による支出	―	△1,808
敷金及び保証金の増加による支出	△7,490	△7,171
敷金及び保証金の回収による収入	4,304	6,394
その他	1,541	△673
投資活動によるキャッシュ・フロー	△78,756	△75,981

単位:百万円

　反対に、これがプラスの場合は、投資回収のために資産を売却しているということです。ファイナンス的な投資の回収なら問題ありませんが、設備の売却などの場合には、資金繰りに困っている可能性もあります。

　一方、潤沢に資金がある会社の場合などで、以前購入した有価証券などを売却した場合も投資キャッシュ・フローはプラスになりますが、この場合は資金繰りに困って、ということではありません。とは言っても、潤沢な資金を持っている会社でなければ、こうしたファイナンス的な投資の売却で投資キャッシュ・フローがプラスになることはあまりありません。

　一般的には、多くの会社でファイナンス投資はそれほど大きくないか、あるいは投資と回収が均衡している場合が多いので、設備投資などの金額（「有形、無形固定資産の取得」）のほうが大きくなりがちです。そのため、通常、投資キャッシュ・フローはマイナスになることが多いのです。

　先に、キャッシュ・フロー計算書からは将来性が分かると説明しましたが、このマイナス額から、会社がどれだけ投資に積極的かが

判断できます（具体的な読み方は後述）。

「財務キャッシュ・フロー」はファイナンス状況や株主還元のまとめ

3つめの「**財務活動によるキャッシュ・フロー**（財務キャッシュ・フロー）」は、大まかに分けて「ファイナンスの状況」と「株主還元」の2つがまとめられています。

ファイナンスの状況とは、例えば、どれくらいの借入れをしてお金が入ってきたか、どれくらいの借入れを返してお金が出ていったか、また、社債を償還して出ていった金額、株式を発行して得た金額などが含まれます。

ファーストリテイリングの場合、「短期借入金の借入による収入」が350億1,900万円、「短期借入金の返済による支出」が215億4,600万円ですから、その差額分（134億7,300万円）キャッシュが増えた（借入れが増加した）ということになります。長期借入金は43億4,300万円返済しています。

■ **図表4-3　ファーストリテイリング**
**　　　　　2020年8月期 財務活動によるキャッシュ・フロー**

	前連結会計年度 (自 2018年9月1日 至 2019年8月31日)	当連結会計年度 (自 2019年9月1日 至 2020年8月31日)
財務活動によるキャッシュ・フロー		
短期借入金の借入による収入	17,145	35,019
短期借入金の返済による支出	△16,789	△21,546
長期借入金の返済による支出	△4,433	△4,343
社債の償還による支出	△30,000	―
配当金の支払額	△48,975	△48,995
非支配持分からの払込みによる収入	592	―
非支配持分への配当金の支払額	△8,773	△2,328
リース債務の返済による支出	△11,377	―
リース負債の返済による支出	―	△141,216
その他	182	142
財務活動によるキャッシュ・フロー	△102,429	△183,268

単位:百万円

　もう1つの株主還元とは「配当金の支払額」です。489億9,500万円の配当を行っています（あくまでもキャッシュベースなので、その前の期の業績などにもとづいて当期にキャッシュで配当した額となります）。

　ほかに、株主還元として、「自己株式の取得による支出」を行う場合にも、この財務キャッシュ・フローにマイナスとして計上されます。

　株主にとって、配当金が支払われることは喜ばしいことです。また、会社が自己株式を取得すると、その分株式が市場で買われるうえに、流通する株式数が減って価値が上がるので、こちらも株主にとっては好ましいことです。

　つまり、これらの項目のマイナス額が大きいほど株主還元が大きく、株主にとってのメリットが大きくなるのです。

　財務キャッシュ・フローは、基本的にマイナスの数字になるほうが健全です。なぜかと言うと、借入金と返済金が同じ場合などファイナンスがニュートラルなときは、株主還元分だけがマイナスになるからです。

　反対に言うと、これがプラスになる場合は、有利子負債が増えているわけなので、必ずしも健全とは言えない場合も少なくありません。増資の場合も、株式数が増加するので既存の株主には好ましいことではありません。

実際の決算書で
分析してみよう

営業キャッシュ・フローはどれぐらいあれば十分か

　もう少し詳細な読み方を、日本マクドナルドホールディングス（以下、マクドナルド）のキャッシュ・フロー計算書を見ながら解説していきましょう。

　「営業活動によるキャッシュ・フロー」を見てください。2020年12月期の合計は278億8,100万円です。前期の449億5,200万円よりは減少しています。これが多いか少ないかを判断するためには「キャッシュ・フローマージン」という指標を次の式から計算します。

　　　キャッシュ・フローマージン

　　　　＝ 営業キャッシュ・フロー ÷ 売上高

　私の経験上、**キャッシュ・フローマージンが7％以上になっていれば好調**だと判断しています。マクドナルドの場合は、営業キャッシュ・フローが278億8,100万円、売上高が2,883億3,200万円ですから、キャッシュ・フローマージンは9.6％で十分高い状態です。前期は15.9％でさらに高い水準です。

■ 図表4-4　日本マクドナルドホールディングス　2020年12月期 キャッシュ・フロー計算書

	前連結会計年度 （自 2019年1月1日 至 2019年12月31日）	当連結会計年度 （自 2020年1月1日 至 2020年12月31日）
営業活動によるキャッシュ・フロー		
税金等調整前当期純利益	26,954	30,554
減価償却費及び償却費	10,298	11,226
減損損失	149	438
貸倒引当金の増減額（△は減少）	662	△82
その他の引当金の増減額（△は減少）	△127	△351
退職給付に係る負債の増減額（△は減少）	△3	37
退職給付に係る資産の増減額（△は増加）	8,723	―
受取利息	△115	△123
支払利息	27	15
固定資産除却損	844	792
売上債権の増減額（△は増加）	△2,790	△2,172
たな卸資産の増減額（△は増加）	△3	9
フランチャイズ店舗の買取に係るのれんの増加額	△10	△447
長期繰延営業債権の増減額（△は増加）	2,477	―
その他の資産の増減額（△は増加）	△329	662
仕入債務の増減額（△は減少）	351	△190
未払金の増減額（△は減少）	513	728
未払費用の増減額（△は減少）	372	100
その他の負債の増減額（△は減少）	756	△942
その他	275	△9
小計	49,030	40,245
利息の受取額	18	19
利息の支払額	△19	△3
業務協定合意金の受取額	326	322
法人税等の支払額	△4,408	△12,757
法人税等の還付額	5	54
営業活動によるキャッシュ・フロー	44,952	27,881
投資活動によるキャッシュ・フロー		
定期預金の預入による支出	―	△40,000
定期預金の払戻による収入	―	15,000
有形固定資産の取得による支出	△14,597	△18,386
有形固定資産の売却による収入	1,774	1,844
敷金及び保証金の差入による支出	△1,194	△1,363
敷金及び保証金の回収による収入	1,409	1,561
ソフトウエアの取得による支出	△1,903	△2,654
資産除去債務の履行による支出	△49	△61
その他	△8	8
投資活動によるキャッシュ・フロー	△14,569	△44,051
財務活動によるキャッシュ・フロー		
長期借入金の返済による支出	△10,625	―
ファイナンス・リース債務の返済による支出	△487	△324
自己株式の取得による支出	△0	△0
配当金の支払額	△3,988	△4,387
財務活動によるキャッシュ・フロー	△15,102	△4,712
現金及び現金同等物に係る換算差額	16	△0
現金及び現金同等物の増減額（△は減少）	15,297	△20,883
現金及び現金同等物の期首残高	43,326	58,624
現金及び現金同等物の期末残高	58,624	37,741

単位：百万円

会社の成長の源泉「フリーキャッシュ・フロー」

もう1つ、「**フリーキャッシュ・フロー**」という考え方があります。これは第5章で説明する管理会計に属する部分ですが、ここで説明しておくほうが分かりやすいでしょう。

「フリーキャッシュ・フロー」とは、会社が自由に使えるお金のこと。これには2つの大きな役割があります。1つは、**未来への投資**。自由に使えるお金があれば、事業を現状維持する以上の投資を行うことができます。もう1つは、**財務改善や財務投資**。借入金があればフリーキャッシュ・フローを返済にあてることができるし、借入金がない会社は債券や株式などへの財務的な投資をすることができます。

フリーキャッシュ・フローは会社にとって一番の力の源泉となるので、**フリーキャッシュ・フローをどれだけ稼げるかが成長のカギを握ります**。

では、フリーキャッシュ・フローは具体的にどのように計算するのでしょうか。定義は2つあります。一般的に使われているのは、次の式です。

〈定義1〉
フリーキャッシュ・フロー ＝
営業キャッシュ・フロー － 投資キャッシュ・フロー
（注）投資キャッシュ・フローのマイナス分（支出分）を引く

マクドナルドの場合は、営業キャッシュ・フローが先に見たように278億8,100万円、投資キャッシュ・フローが▲440億5,100万円ですから、フリーキャッシュ・フローは▲161億7,000万円となり

ます。ちなみに、前期は営業キャッシュ・フローが449億5,200万円で投資キャッシュ・フロー145億6,900万円を引いたプラスの303億8,300万円がフリーキャッシュ・フローということになります。

　もう1つの定義は、私のような専門家が使うもので、少し複雑な計算になります。

〈定義2〉
フリーキャッシュ・フロー ＝
営業キャッシュ・フロー －
現事業を維持するために必要なキャッシュ・フロー

　「現事業を維持するために必要なキャッシュ・フロー」とは何でしょうか。投資キャッシュ・フローと何が違うのでしょうか。

　先にも説明しましたが、投資キャッシュ・フローの中には、3カ月以上の財務投資も含まれています。例えば、「お金が余っているから定期預金をする」という余剰資金もあります。

　つまり、定義1のように、営業キャッシュ・フローから投資キャッシュ・フローを全額引いてしまうと、余剰資金まで引くわけですから、フリーキャッシュ・フローが少なめに計算されてしまいます。ふつう、財務的な投資は余剰資金（フリーキャッシュ・フロー）から行われるもので、その額まで引かれてしまうことになります。

　また、未来投資もフリーキャッシュ・フローから行われますが、それも定義1ではフリーキャッシュ・フローから差し引かれてしまいます。

　それでは、なぜ定義1が一般的に使われるかというと、1つには、多くの会社はそれほど大きな財務余力がないため、営業キャッシュ・フローから投資キャッシュ・フロー全額を差し引いても、あ

まり大差がない数字が出るためです。しかも計算式が分かりやすいので、一般的には定義1の方法でフリーキャッシュ・フローが算出されることが多くなっています。

　また、外部からは「現事業維持のためのキャッシュ・フロー」がいくらかは分かりにくいのが実情です。

　私は、現事業を維持するために必要なキャッシュ・フローを、営業キャッシュ・フローに出ている減価償却費（及びそれに類する償却費等）に置き換えて計算する場合があります。一般的に減価償却費と同じくらいの再投資をしないと、現在の事業を維持することができないからです。

　つまり、定義2は次の式で概算することができます。

〈定義2〉

　フリーキャッシュ・フロー ＝

　　営業キャッシュ・フロー － 減価償却費（等の償却費）

　この式で計算すると、マクドナルドの場合、営業キャッシュ・フロー278億8,100万円から116億6,400万円の減価償却費等（含む減損損失）を差し引くと、162億1,700万円のプラスということになり、〈定義1〉で計算した▲161億7,000万円と大きく異なります（ちなみに、前期分だと〈定義1〉の303億8,300万円と〈定義2〉の計算での345億500万円とは大きな違いはない）。

　いずれにしても、〈定義2〉で計算したほうが、本来のフリーキャッシュ・フローの意味合いに近いと私は考えています。

　繰り返しになりますが、会社にとって、このフリーキャッシュ・フローをいかに稼げるかが、未来を左右する重要なポイントです。フリーキャッシュ・フローを稼げなかったら、未来投資や財務改善

もできません。

　場合によっては、ほかの方法でファイナンスしなければなりません。銀行から借り入れたり（財務キャッシュ・フローのプラス）、固定資産を売却したり（投資キャッシュ・フローのプラス）して、キャッシュを調達しなければならないのです。

「稼ぐ」と「使う」が大切

　経営においては、営業キャッシュ・フローやフリーキャッシュ・フローをどれだけ「稼ぐ」かということが特に大切です。それなくして、M&Aや人材獲得を含む未来投資や財務改善ができないからです。

　そして、それを有効に「使う」ことも必要です。手元流動性の乏しい会社は、まず現預金を適正額までためないといけませんが、手元流動性に問題がなく、ある一定以上のキャッシュ・フローを稼げる会社なら、それを未来投資や財務改善に適切に使うことが大切です。これは第5章で説明する企業価値を高めることに直結します。

「投資キャッシュ・フロー」に将来性を見る

　フリーキャッシュ・フローとも大きく関係しますが、キャッシュ・フロー計算書から会社の将来性を見る場合、私が真っ先に注目するのは、「投資活動によるキャッシュ・フロー」のうち**「有形固定資産の取得による支出」**と**「有形固定資産の売却による収入」の差額です。これと、「営業活動によるキャッシュ・フロー」にある「減価償却費」を比べます**（無形固定資産の取得やM&Aによる事業取得がある場合はそれらも加えます）。

　時間がたつにつれて工場や備品などの価値が落ちて、その価値の目減り分が減価償却費などに計上されます。通常は、それと同じく

らいの金額を再投資しないと、現状の事業を維持できません。それより多い金額の投資がなされている場合には、未来投資と考えていいでしょう。もちろん、M&Aなども多くの場合、未来投資です。

　有形固定資産の取得というのは、ほとんどの場合、設備投資です。これを売却した金額が大きいときは、大規模な資産の売却やリストラを行っている可能性があるため要注意です。

　マクドナルドの場合はどうでしょうか。「有形固定資産の取得による支出」が183億8,600万円、一方「有形固定資産の売却による収入」が18億4,400万円なので、その差額165億4,200万円が純粋な支出です。さらに、無形固定資産として「ソフトウエアの取得による支出」が26億5,400万円あるので、それを足せば191億9,600万円になります。

■ 図表4-5　日本マクドナルドホールディングス　2020年12月期
　　投資キャッシュ・フロー

	前連結会計年度 (自 2019年1月1日 至 2019年12月31日)	当連結会計年度 (自 2020年1月1日 至 2020年12月31日)
投資活動によるキャッシュ・フロー		
定期預金の預入による支出	—	△40,000
定期預金の払戻による収入	—	15,000
有形固定資産の取得による支出	△14,597	△18,386
有形固定資産の売却による収入	1,774	1,844
敷金及び保証金の差入による支出	△1,194	△1,363
敷金及び保証金の回収による収入	1,409	1,561
ソフトウエアの取得による支出	△1,903	△2,654
資産除去債務の履行による支出	△49	△61
その他	△8	8
投資活動によるキャッシュ・フロー	△14,569	△44,051

単位:百万円

　これと「減価償却費及び償却費」と「減損損失」を足した116億6,400万円（図表4-4）と比べると、投資額のほうがかなり多いので、比較的十分な投資を行っていると言えます。

つまり、以下のように考えます。

減価償却費等 ＜（有形）固定資産の売却と購入の差額
　　……未来への投資が十分
減価償却費等 ＞（有形）固定資産の売却と購入の差額
　　……未来への投資が不十分

　なお、「定期預金の預入による支出」が400億円、「定期預金の払戻による収入」が150億円あります。3カ月以上のファイナンス的投資も投資キャッシュ・フローに入ります。この差額分は、当然、自由に使えるフリーキャッシュ・フローと考えられます。
　先の説明で、フリーキャッシュ・フローの〈定義1〉と〈定義2〉で計算した結果が大きく違ったのもこの要因が大きいのです。前年度は、この定期預金の要因がなかったので2つの定義の差が小さかったと言えます。

日本電産の積極的なM&Aを投資キャッシュ・フローで見る

　投資にはM&Aも含まれます。M&Aを多用する会社は、そのことが投資キャッシュ・フローに表れます。例として、日本電産の2020年3月期の投資キャッシュ・フロー（IFRS基準）を見てみましょう。
　日本電産の2020年3月期の投資キャッシュ・フローを見ると、同社が大きなチャレンジをしていることが分かります。
　まず、「有形固定資産の取得による支出」が1,329億2,600万円。「有形固定資産の売却による収入」が44億2,800万円ですから、ネットの有形固定資産の取得額は1,284億9,800万円です。
　図表4-6にはありませんが、営業キャッシュ・フローにある「有形固定資産減価償却費」が736億7,200万円なので、約550億円多い

■ 図表4-6　日本電産　2020年3月期　投資キャッシュ・フロー

	前連結会計年度 （自 2018年4月1日 至 2019年3月31日）	当連結会計年度 （自 2019年4月1日 至 2020年3月31日）
投資活動によるキャッシュ・フロー		
有形固定資産の取得による支出	△120,555	△132,926
有形固定資産の売却による収入	2,961	4,428
無形資産の取得による支出	△10,894	△10,612
非継続事業の売却による収入	－	5,065
事業取得による支出	△27,675	△174,947
その他－純額	△4,681	△2,521
投資活動によるキャッシュ・フロー	△160,844	△311,513

単位：百万円

有形固定資産を取得していることになります。

　また、投資キャッシュ・フローにある「無形固定資産の取得による支出」も106億1,200万円であり、営業キャッシュ・フローにある「その他の償却費」の131億8,400万円には少し及びませんが、ほぼ匹敵しています。

　さらに、「事業取得による支出」が1,749億4,700万円あります。これは新たな事業を取得するためにM&Aなどで支出したキャッシュです。莫大な未来投資をしています。

　この投資キャッシュ・フローを見る限り、日本電産は事業拡大に大きな投資をしていることが分かります。

　以下に、日本電産の2019年3月期と2020年3月期の営業、投資、財務の各キャッシュ・フロー、売上高、自己資本比率、キャッシュ・フローマージンを載せています。各年10%を超える高いキャッシュ・フローマージンを稼ぐことで、大きな営業キャッシュ・フローを生み、それを投資に積極的に活用していることが分かります。

　また、多額の投資を行っているにもかかわらず、高い自己資本比率を維持しており、安全性も高いことが分かります。これも、多額

の営業キャッシュ・フローを稼げていることが大きな理由です。

■ 図表4-7　日本電産の各キャッシュ・フローの推移

決算期	営業キャッシュ・フロー	投資キャッシュ・フロー	財務キャッシュ・フロー	売上高	自己資本比率	キャッシュ・フローマージン
2019年3月期	170,233	▲160,844	▲32,683	1,475,436	52.9%	11.5%
2020年3月期	168,049	▲311,513	128,546	1,534,800	44.9%	10.9%

%以外の単位:百万円

経営危機時でも投資を続けたマクドナルド

　先にマクドナルドの最近のキャッシュ・フロー計算書を分析をしましたが、同社は、2014年から2015年にかけて、上海での仕入れ先の鶏肉の期限偽装や異物混入の問題などが起こり、業績がかなり低迷して営業赤字が続いていました。

　しかし、そのころでも財務内容は安定しており、将来のためのチャレンジを行っていたことが、その後の業績回復につながったと私は考えています。

　その当時の損益計算書やキャッシュ・フロー計算書は以下のとおりです。

■ 図表4-8　日本マクドナルドホールディングスの業績数字の推移

	2014年12月期	2015年12月期
売上高	222,319	189,473
営業利益	▲6,714	▲25,233
営業キャッシュ・フロー	▲13,652	▲14,787
減価償却費	10,388	7,541
有形固定資産の取得による支出	▲12,387	▲11,964

単位:百万円

　当時の業績は、売上高が下がり、営業利益がマイナスに大きく落ち込んでいましたが、減価償却費を超える有形固定資産の取得、つ

まり設備投資を行っていたことが読み取れます。これが、同社のその後の業績好転に大きく影響したと私は考えています。

この投資の実現には、大きな損失が出ても60%を超える自己資本比率を保つなど、高い財務安定性が大きな助けとなりました。

バランスの良いキャッシュ・フロー計算書とは

私は、キャッシュ・フロー計算書のバランスが良いかどうかを考えるとき、「稼ぐ」と「使う」という言葉をよく使います。**営業キャッシュ・フローやフリーキャッシュ・フローを「稼いで」、投資キャッシュ・フローと財務キャッシュ・フローで「使う」。**

このバランスが取れていることが、良いキャッシュ・フロー計算書です。もちろん、営業キャッシュ・フローが十分に（キャッシュ・フローマージンが7%以上）稼げていることが大前提です。

稼いだより多く使いすぎるのも危険ですが、反対に、たくさん稼いでため込むのも良くありません。未来への投資や財務改善、株主還元に使うのです。これらのバランスが取れていれば、会社をつぶすことはまずありません。

もちろん、大不況がやって来たりして、一時的にしんどくなるときはあるかもしれませんが、これらのポイントをしっかり押さえた会社であれば、問題は起こりにくいと考えられます。

では、バランスが取れているかどうかを判断するためには、どこに注目すればいいのでしょうか。実践編として、マクドナルドのキャッシュ・フロー計算書を例にとって見方を説明していきましょう。

マクドナルドの営業キャッシュ・フローは、ここまでに何度か出てきたように、2020年12月期では278億8,100万円、キャッシュ・フローマージンは9.6%と、十分な営業キャッシュ・フローを稼いでいると言えます。

■ 図表4-4再掲　日本マクドナルドホールディングス　2020年12月期 キャッシュ・フロー計算書

	前連結会計年度 （自 2019年1月1日 至 2019年12月31日)	当連結会計年度 （自 2020年1月1日 至 2020年12月31日)
営業活動によるキャッシュ・フロー		
税金等調整前当期純利益	26,954	30,554
減価償却費及び償却費	10,298	11,226
減損損失	149	438
貸倒引当金の増減額（△は減少)	662	△82
その他の引当金の増減額（△は減少)	△127	△351
退職給付に係る負債の増減額（△は減少)	△3	37
退職給付に係る資産の増減額（△は増加)	8,723	―
受取利息	△115	△123
支払利息	27	15
固定資産除却損	844	792
売上債権の増減額（△は増加)	△2,790	△2,172
たな卸資産の増減額（△は増加)	△3	9
フランチャイズ店舗の買取に係るのれんの増加額	△10	△447
長期繰延営業債権の増減額（△は増加)	2,477	―
その他の資産の増減額（△は増加)	△329	662
仕入債務の増減額（△は減少)	351	△190
未払金の増減額（△は減少)	513	728
未払費用の増減額（△は減少)	372	100
その他の負債の増減額（△は減少)	756	△942
その他	275	△9
小計	49,030	40,245
利息の受取額	18	19
利息の支払額	△19	△3
業務協定合意金の受取額	326	322
法人税等の支払額	△4,408	△12,757
法人税等の還付額	5	54
営業活動によるキャッシュ・フロー	44,952	27,881
投資活動によるキャッシュ・フロー		
定期預金の預入による支出	―	△40,000
定期預金の払戻による収入	―	15,000
有形固定資産の取得による支出	△14,597	△18,386
有形固定資産の売却による収入	1,774	1,844
敷金及び保証金の差入による支出	△1,194	△1,363
敷金及び保証金の回収による収入	1,409	1,561
ソフトウエアの取得による支出	△1,903	△2,654
資産除去債務の履行による支出	△49	△61
その他	△8	8
投資活動によるキャッシュ・フロー	△14,569	△44,051
財務活動によるキャッシュ・フロー		
長期借入金の返済による支出	△10,625	―
ファイナンス・リース債務の返済による支出	△487	△324
自己株式の取得による支出	△0	△0
配当金の支払額	△3,988	△4,387
財務活動によるキャッシュ・フロー	△15,102	△4,712
現金及び現金同等物に係る換算差額	16	△0
現金及び現金同等物の増減額（△は減少)	15,297	△20,883
現金及び現金同等物の期首残高	43,326	58,624
現金及び現金同等物の期末残高	58,624	37,741

単位:百万円

次に、投資キャッシュ・フローを見ると440億5,100万円を使っています（ただし、そのうちの250億円は定期預金の増加）。先に見たように、減価償却費（及び償却費）と比べて十分な投資を行っていると言えます。

　もう1つ、投資キャッシュ・フローが営業キャッシュ・フローでまかなえているかどうかのチェックも必要です。営業キャッシュ・フローは278億8,100万円、投資キャッシュ・フローは、定期預金の増加の250億円を除くと190億5,100万円ですから、十分、営業キャッシュ・フローで稼いだお金で設備投資等をまかなえており、過剰投資をしているわけでもありません。

　これら2つの数字を見ると、お金が余っているはずだと考えられます。そこで財務キャッシュ・フローを見ると、47億1,200万円のマイナスとなっています。

　内訳は、前年度まであった長期借入金の返済がなくなり、リース債務の返済の3億2,400万円と、株主への配当金の支払いに43億8,700万円を使っていることが分かります。収益力が上がり、財務余力が増したので、投資キャッシュ・フローでの定期預金を増やし、株主への還元も増加しているのです。

　財務キャッシュ・フローは、マイナスになっていると健全だと先に説明しましたが、マクドナルドの財務キャッシュ・フローはマイナスですから、健全な状態だと言えます。財務改善や株主還元を行っているからです。

　営業キャッシュ・フローで稼いでそれを投資キャッシュ・フローや財務キャッシュ・フローで使っていますが、潤沢な資金が確保できたので、この期に「現金及び現金同等物」を208億8,300万円減らし、最終的に「現金及び現金同等物の期末残高」は377億4,100万円となりました（ほかに、3カ月以上の定期預金があります）。

　営業キャッシュ・フローを稼いで、その範囲内で投資（定期預金な

どのファイナンス的投資を除く）をして、なおかつ株主に還元し、最終
的にお金が余る。そして、営業キャッシュ・フローは、キャッ
シュ・フローマージン7％以上を稼いでいる。これが、キャッ
シュ・フロー計算書の望ましい姿です。

　もちろん、日本電産のように投資キャッシュ・フローが多くなる
「挑戦型」であってもかまいませんが、営業キャッシュ・フローで
稼ぐ以上に大きな投資を行うと、財務キャッシュ・フローをプラス
にしてファイナンスを行う必要が生じ、長期的にはバランスを崩し
てしまいリスクが高まることになりかねません。

　日本電産は挑戦を続けていますが、自己資本比率が高く、営業
キャッシュ・フローを十分に稼いでいるうえに、投資、財務の
キャッシュ・フローとのバランスが比較的よく取れていると考えま
す。

財務諸表の関係と指標の計算式まとめ

　ここで、財務諸表の関係と、これまでに出た指標の計算式をまと
めておきます。復習にご活用ください。

■ 図表4-9　財務3表は一緒に見る

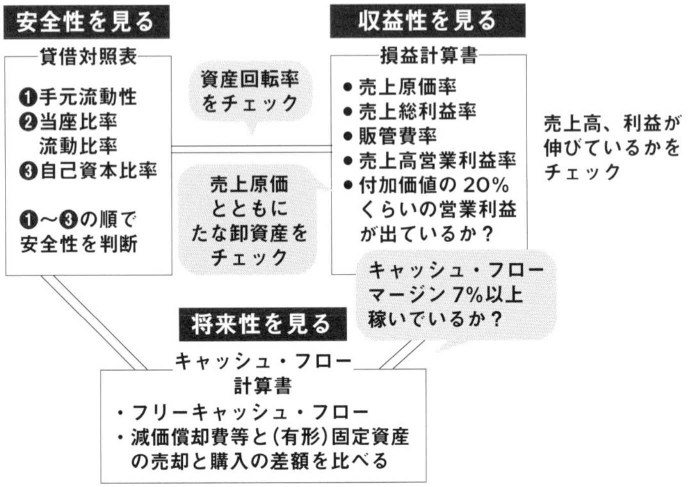

安全性を見る
┌─ 貸借対照表 ─┐
❶手元流動性
❷当座比率
　流動比率
❸自己資本比率

❶～❸の順で
安全性を判断

資産回転率
をチェック

売上原価
とともに
たな卸資産を
チェック

収益性を見る
┌─ 損益計算書 ─┐
● 売上原価率
● 売上総利益率
● 販管費率
● 売上高営業利益率
● 付加価値の20%
　くらいの営業利益
　が出ているか？

売上高、利益が
伸びているかを
チェック

キャッシュ・フロー
マージン7%以上
稼いでいるか？

将来性を見る
キャッシュ・フロー
計算書
・フリーキャッシュ・フロー
・減価償却費等と(有形)固定資産
　の売却と購入の差額を比べる

■ 図表4-10①　財務諸表分析の主要な指標の式まとめ

損益計算書	
公式	**判断基準**
売上原価率＝売上原価÷売上高	数字が大きいほど、売上原価が大きい。
売上総利益率＝売上総利益÷売上高	数字が大きいほど、売上原価が小さい。売上原価率と相反の関係。
販管費率＝販管費÷売上高	数字が大きいほど、販売管理コストが大きい。
売上高営業利益率＝営業利益÷売上高	数字が大きいほど、効率良く営業利益を出している。
資産回転率＝売上高÷資産	数字が大きいほど、会社の資産が売上高に貢献している。
（卸売業や小売業など） 付加価値＝売上総利益 （製造業） 付加価値＝売上総利益＋労務費＋ 　　　　　製造にかかる減価償却費 　　　　≒売上高－仕入れ	付加価値の20％程度の営業利益を稼げているか？

■ 図表4-10② 財務諸表分析の主要な指標の式まとめ

貸借対照表	
公式	判断基準
自己資本比率＝ 純資産（自己資本）÷資産	工場や建物などの固定資産を多く使う会社の場合は最低でも20％以上、在庫などの流動資産を多く使うような会社は15％以上あれば安全。ただ、金融を除くあらゆる業種で、10％以下になると過小資本。
流動比率＝流動資産÷流動負債	一般的には120％あれば安全。
当座比率＝当座資産÷流動負債	一般的には90％以上あれば安全。
手元流動性＝ （現預金＋有価証券などのすぐに売れる資産＋すぐに借りられる資金）÷月商 ※「すぐに借りられる資金」は財務諸表に載っていないので、省いてもよい。	大企業の場合は1カ月分。JASDAQ上場、東証2部上場くらいの中堅企業だと1.2〜1.5カ月分。中小企業の場合は1.7カ月分ほどあれば安全。

キャッシュ・フロー計算書	
公式	判断基準
キャッシュ・フローマージン＝ 営業キャッシュ・フロー÷売上高	7％以上稼いでいれば好調。
フリーキャッシュ・フロー＝ 営業キャッシュ・フロー－減価償却費等	たくさんあるほど、将来に向けた投資ができる。
「減価償却費」と「（有形）固定資産の売却と購入の差額」を比較	減価償却費＜（有形）固定資産の売却と購入の差額 ……未来への投資が十分 減価償却費＞（有形）固定資産の売却と購入の差額 ……未来への投資が不十分

世界の会計基準統一の歴史

　これまで触れてきたように、財務会計の会計基準には、「日本基準」「米国基準」、そして「IFRS」というルールがあります。

　かつて、米国では「FAS（Financial Accounting Standards）」、欧州では「IAS（International Accounting Standards）」という異なる会計基準が採用されていました。このうち、欧州のIASが「国際会計基準」と呼ばれていました。しかし、現在の国際会計基準はIASが進化する形で「IFRS（International Financial Reporting Standards）」となっています。今では会計が統一されつつあるため、米国基準と国際会計基準（IFRS）はおおむね似たようなものになっています。

　以前、米国と欧州の間で、長く会計戦争が続いていました。グローバル化にともない会計基準を統一しようという動きはあったものの、解決しがたい2つの問題がありました。

　1つは、各国の主導権争い。米国は「世界最先端の会計基準を持っている」というプライドがありました。一方、欧州も「欧州の会計基準は伝統がある」と主張していたため、統一させるのが難しかったのです。

　もう1つの問題は、実務的なことです。会計基準を変えるとなると、各社で収益の計算方法を変えて、コンピュータのシステムも変更しなければなりません。とても大変でコストがかかります。

　これら2つの問題から、両者はなかなか歩み寄れなかったのです。それが、ようやく近年になって統一されつつあります。

　日本もIFRSに統一しようとしていますが、2008年にリーマンショックが起こり、多くの会社の業績が落ち込む事態となったため、IFRSへの統一が先送りされてきました。会計基準を変えると

なると、先ほど述べたように手間とコストがかかりますし、新たな損失を計上しなければならない場合もあります。ですから、今のところ日本では、IFRSの強制適用はされていません。

　では、日本の会計基準はこの2つとどこが違うのでしょうか。細かい違いはたくさんありますが、第2章1節で説明したとおり、「のれん」の扱い方が大きく異なります。

　日本基準では、20年以内に償却しなければなりませんが、IFRSと米国基準ではのれんを償却する必要はありません。ただし、買収した会社が思ったより利益を出さなくなったときは、減損しなければなりません（この点に関しては、IFRSや米国基準でも均等償却が好ましいという意見も根強くあります）。

　近い将来、世界中の会計基準は統一されるのではないでしょうか。なぜなら、グローバル企業のプレゼンスが大きく、国境を越えた会社の買収がますます増えてくるからです。海外の会社を買収するときには、相手の財務諸表を精査（デュー・デリジェンス）しなければなりませんが、その際、会計基準が異なっていると分析が難しくなります。例えば、利益の額が、会計基準によって異なることも少なくありません。

　また、M&Aなどの後の連結決算に際しても、会計基準が統一されているほうが便利なのは言うまでもありません。その点、キャッシュはどんな会計基準で見ても同じですから、会社を買収するときはキャッシュベースを重視することが多くなっています。

　少し難しい話になりましたが、一般の方は、従来の欧州基準である国際会計基準と米国基準が統一されつつありIFRSとなっていること、日本基準も大方同じでIFRSに統一される方向ですが、現状ではのれんの扱い方など異なる点もあることに注意してください。

経営の成果を測る、
会社の値段を計算する
──管理会計、企業価値

1

経営のパフォーマンスを
調べる管理会計

　ここまで財務会計について、説明を行ってきました。財務会計は、投資家や銀行など外部へ開示することを主な目的とした会計です。だから、一定の「ルール」に則って作成することが義務づけられています。

　一方、管理会計は、会社全体や個別事業のパフォーマンスを調べるための会計です。例えば、製品を作るのにラインごとにどれだけの原価がかかるのか、付加価値を生んでいるのか、あるいは、店舗の1坪あたりや1人あたりどれだけの売上げを稼いで利益が出たのか、いくつ売れば利益が出始めるのか。会社を経営するための会計だと言い換えることもできます。

　管理会計の指標を作成するのに、ルールはありません。自社にとってもっともパフォーマンスを測定しやすい指標を作成すればいいのです。

　先にも説明しましたが、財務会計と違って外部に開示する必要はありません。しかし、社内では自社のパフォーマンスを把握しておかなければなりませんから、ビジネスの世界では、管理会計もしっかりと理解しておくことが大切です。

　第5章では、経営者を含むビジネスパーソンにぜひ身につけておいてほしい「管理会計」の説明を行います。また、企業価値の算定方法についても説明します。

2

「損益分岐点分析」
——どこまで売ればもうけが出るのか

損益分岐点の計算方法

　管理会計の基本中の基本である「**損益分岐点分析**」から説明を始めます。損益分岐点（正確には「損益分岐点売上高」）とは、損失が出るか利益が出るかの境い目となる売上高（または数量）のこと。正確に言うと、売上げと費用が一致する点で、売上げがその点を超えると利益が出ますが、その点まで至らなければ損失が発生します。

　では、損益分岐点はどのように計算するのでしょうか。図表5-1を見ながら説明します。次のような手順で、損益分岐点を求めるためのグラフを描いていきます。このグラフを用いて理解してもらう方法が一番分かりやすいでしょう。

〈手順1〉縦軸を金額、横軸を売上高として線を引く。

　縦軸も横軸も単位は「円」なので、どちらもスケールは同じです。売上高を、売上数量として計算することもあります。そうすると縦軸とのスケールが異なりますが、分かりやすくするために金額（円）で統一させています。（①）

〈手順2〉固定費の線を、横軸と平行に引く。

　固定費というのは、減価償却費や正社員の人件費などの費用です。これは売上高が増えても一定にかかる費用ですから、横軸と平

行の線になります。（②）

〈手順3〉固定費と縦軸の交点から、変動費の線を右上がりに引く。

　変動費は、材料費や燃料費、一部の運送費など、売上高が増えるに従って増えていく費用です。売上高に比例して増えていくように右上がりの直線を引きます。変動費率（変動費／売上高）をaとします。

　固定費の線に変動費の線を足したものが総費用となります。

　これらのグラフを関数式で表してみましょう。総費用をy、売上高をx、変動費率（売上高に対する変動費の割合）をa、固定費をbとすると、以下の計算式になります。（③）

$$y = ax + b$$

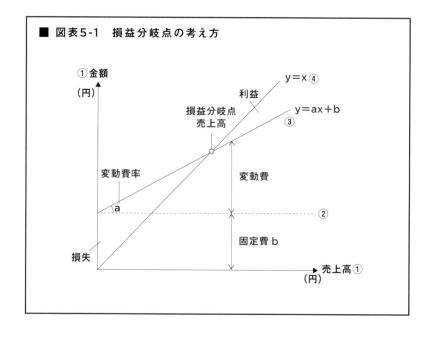

■ 図表5-1　損益分岐点の考え方

〈手順4〉総費用の線の上に売上高の線（金額＝売上高：原点から45度の傾きの線、つまり y ＝ x の線）を重ねる。（④）

　こうして2つの直線が交わったところが損益分岐点売上高です。この点より売上高が増えれば、売上高と総費用の差額分の利益が出ますが、売上高がこの点まで届かなければ、損失になってしまうというわけです。少しややこしい説明になったかもしれませんが、図表5-1を見ながら確認してください。

　次に、損益分岐点売上高を求めてみましょう。損益分岐点を求めるために使った2つの連立方程式を解くのです。この計算は、図表5-2を見て、「こういう答えになるんだな」と理解するだけで十分です。

　つまり、損益分岐点は結論的には「**固定費／（1－変動費率）**」となり、これを超える売上高を稼げば利益が出ることになります。

■ 図表5-2　損益分岐点売上高の計算方法

a：変動費率　b：固定費

とすると総費用は y ＝ ax ＋ b と表される

損益分岐点売上高を求めるときは

$$\begin{cases} y = x \\ y = ax + b \end{cases}$$

の連立方程式を解けばよい

$$x = \frac{b}{(1-a)}$$

$$損益分岐点売上高 = \frac{固定費}{1-変動費率}$$

赤字にならない水準を計算する「安全余裕率」

　損益分岐点を表した図表5-3を見てください。先ほど、損益分岐点より売上高が増えると利益が生まれ、損益分岐点より下回ると損失になると説明しましたが、図表5-3を見ると分かりやすいでしょう。

　損益分岐点から右上にある濃い色の部分が「利益」、左下にある薄い色の部分が「損失」です。さらに、**売上高が増えれば増えるほど、利益の割合が大きくなる**ということが分かるでしょう。この見方がとても大切です。

　例えば、現在の売上高が点Aだとします。この売上高から何％落ちても赤字にならないかという指標を「**安全余裕率**」と言い、次の式で求められます。

．．．

安全余裕率 ＝（売上高 － 損益分岐点売上高）÷ 売上高

．．．

　1つ、例題を考えてみましょう。今の売上高が4億円、損益分岐点売上高は3億円だとします。すると、安全余裕率は以下のとおりです。

（4億円 － 3億円）÷ 4億円 = 25%

　つまり、売上高が25%落ちても、利益を確保し続けられるということです。この値が大きいほど、赤字に陥る可能性が低いと言えます。

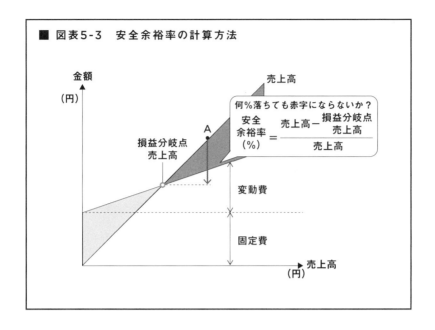

■ 図表5-3　安全余裕率の計算方法

何%落ちても赤字にならないか？

$$\text{安全余裕率}(\%) = \frac{\text{売上高} - \frac{\text{損益分岐点}}{\text{売上高}}}{\text{売上高}}$$

「固定費型」「変動費型」、そして双方の利点を持つ第3の業種

損益分岐点の図からは、さまざまな業種の収益構造を読み取ることができます。

従来型のビジネスには、大きく分けて2通りがありました。1つは、鉄鋼業や鉄道業のように、設備投資が多いためにその減価償却費などの固定費を多く必要とする「**固定費型ビジネス**」。もう1つは、商社や卸売業のように、仕入れなどの変動費を多く必要とする「**変動費型ビジネス**」です。

1つめの固定費型ビジネスは多額の設備投資が必要ですから、たくさんの固定費がかかります。すると図表5-4にあるように、固定費の幅が広くなります。一方、これらの業種の場合は、変動費は固定費に比べてそれほどかからないため、変動費の傾きはゆるやかに

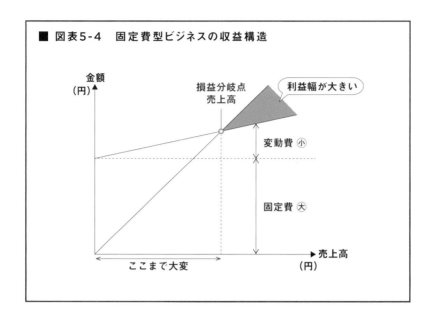

■ 図表5-4　固定費型ビジネスの収益構造

金額
（円）

損益分岐点
売上高

利益幅が大きい

変動費 小

固定費 大

売上高
（円）

ここまで大変

なります。

　つまり、損益分岐点に達するまではかなりの売上げを出さないと
いけませんが、損益分岐点を超えてしまえば、得られる利益が非常
に大きいということです。反対に言うと、損益分岐点を割ると、多
額の赤字が出てしまいます。ですから、こうした業種は、損益分岐
点を超えるか超えないかで、大きく損益が変わるのが特徴です。

　2つめの卸売業などの変動費型ビジネスは、固定費はそれほどか
かりませんが、商品などの仕入れが必要なので変動費が比較的多く
かかります。これを図表にすると（図表5-5）、損益分岐点売上高は
低くなるので、利益が出るところまでは到達しやすいことが分かり
ます。ただし、損益分岐点を超えても、利益がそれほど出ないのが
特徴です。

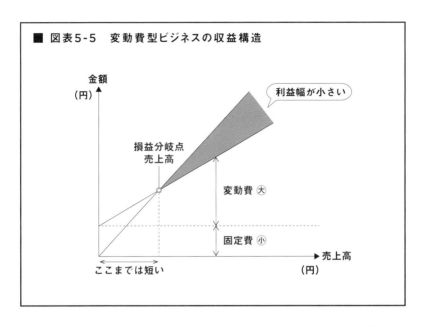

■ 図表5-5　変動費型ビジネスの収益構造

多額の設備投資が必要である反面、利益を大きく出す可能性がある固定費型の産業。損益分岐点が低くて利益を出しやすいけれど、それほどもうからない変動費型の産業。少し前までは、この2種類のビジネスが中心でした。どちらのビジネスにも、等しくメリットとリスクがあるので、ある意味、平等だったと言えます。

　ところが、新しい特徴を持つ業種が現れました。固定費や変動費が小さく、損益分岐点が非常に低いという夢のような業種です。どのような業種でしょうか。

　答えは、IT産業です。IT産業の収益構造を示した図表5-6を見ると、設備投資が少なく、それにともない固定費が小さいので損益分岐点が非常に低いうえ、変動費率も小さいため、損益分岐点売上高を超えると莫大な利益を得られることが分かります。競争は激しいのですが、当たればめちゃくちゃもうかる。ですから、猫も杓子もIT業界に参入したがるのです。

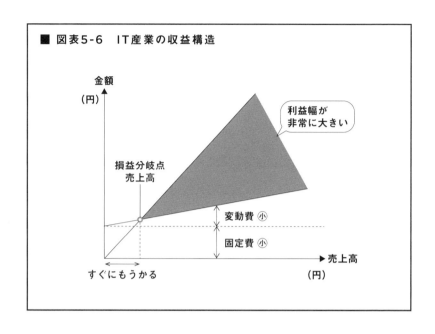

■ 図表5-6　IT産業の収益構造

金額
（円）

損益分岐点
売上高

利益幅が
非常に大きい

変動費 小

固定費 小

すぐにもうかる

売上高
（円）

なぜDeNAは球団を買収したのか

　実は、DeNAや楽天がプロ野球球団を欲しがったのは、ここに理由があると私は考えています。DeNAが横浜ベイスターズを買収したとき、「なぜIT企業が、採算が取れるか分からない球団を欲しがるのだろう？　球団を買うより、確実に収益が得られる事業に投資をしたほうがいいのではないか」と思った人はたくさんいたのではないでしょうか。

　繰り返しますが、**IT産業は固定費も変動費も少なくてすむので、成功すればびっくりするほどの利益を稼ぎ出すことができます。**ただ、IT産業は多くの人が参入したがりますから、新規参入が多く、他社との競争が非常に激しいのが難点です。

　では、この業界で勝ち抜くためには、何が必要でしょうか。

　答えは「知名度」や「ブランド力」です。インターネット上の
サービスを利用するとき、ほとんどの人は「どの会社のサービスな
ら信用できるだろうか」と考えるのではないでしょうか。

　そこで一番の武器になるのが、知名度やブランド力です。DeNA
はそれが欲しくて球団を買収し、ブランド力を強化したと私は考え
ています。ライブドアが一時期、大阪近鉄バファローズを買収しよ
うとしたのも、楽天が球団を設立したのも、同じ理由だと考えられ
ます。

　このように、IT産業は成功すれば驚異的な利益を生み出すこと
ができる、夢のようなビジネスです。Facebookの創業者、マーク・
ザッカーバーグ氏が何兆円も得たのも、マイクロソフト創業者のビ
ル・ゲイツ氏やGoogleの創業者のラリー・ペイジ氏が世界一の大
富豪になったのも、このような収益構造があったからです。

　同じ努力をするのであれば、理論的にはIT産業に挑戦したほう
が得だと言えます。当たったときの利益が大きいですし、初期投資
もほとんどかかりません。

　昔からIT産業のような収益構造の会社がないわけではありませ
ん。例えば、弁護士や会計士の事務所や、私の会社のようなコンサ
ルティング会社です。しかし、このような旧来型のビジネスはサー
ビス業が主体なので、売上げを増やすうえで限界がありました。

　仮に「1万人のお客さまを集めよう」という目標を立てても、社
員の数や各社員のキャパシティには限りがあるため、大規模な事業
はできません。ところが、IT産業の場合は、顧客をほぼ無限に集
め、大きな収益を上げることができます。

　ですから、近年生まれた億万長者は、FacebookやGoogleといっ
たIT企業の創業者ばかりなのです。

　ただし、IT産業は高収益モデルを継続できるかどうか分かりま

せん。各事業によって、将来性は異なるでしょう。

　例えば、グリーやDeNAなどが手がけるスマホ向けゲームは、他社にまねされやすいうえに、子どもへの高額課金問題などで社会から反発されやすいという欠点があります。これでは、長期的に成長を続けることは難しいかもしれません。

　収益を維持するためには、球団買収などにより知名度を上げたり、膨大な広告を打ち続けたりする必要がありますが、反対にこれらは収益力を落とす要因にもなりえます。

　一方、ヤフーは少し性格が異なります。同社はポータル（玄関）サイト「Yahoo! JAPAN」を国内最大の規模に育て上げることで成功しました。これは他社が簡単にまねできるものではありません。ポータルなので、広告費もそれほどかかりません。そこまで突出した強みを持つことができれば、継続して利益を上げやすいでしょう。

　それでもIT産業には、ある日突然イノベーションが起こる可能性があります。数年前には想像できなかったサービスや商品がいきなり出てくることがあるからです。当然、そのようなものが普及すれば、旧来のサービスが一気にすたれます。

　ですから、IT産業は総じて何が起こるか予測が難しい業界だとも言えます。

固定費と変動費を見分けるシンプルな法則

　損益分岐点を求めるときに必要な固定費と変動費の分け方について、詳しく説明していきましょう。

　その前に、固定費と変動費について簡単に復習します。固定費とは、売上げがどんなに増えても一定にかかる費用で、例えば一部の人の人件費や減価償却費、機械のリース料、家賃などです。変動費は、売上げが増えれば増えるほどそれに比例してかさんでいく費用で、仕入れや外部を利用した配送料などが含まれます。

　ただ、費用の中には、固定費に入るのか、変動費に入るのか、かんたんに分けられないものがたくさんあります。例えば、固定電話の料金を考える場合、基本料金は固定費ですが、通話料金は変動費です。水道代も同じく、基本料金と使用料金によって分け方が異なります。

　工場で働いている人の人件費も、分け方が難しいものの1つです。ラインを動かしている間だけ来てもらう請負業者の人は変動費に含まれますが、職長などの正社員は固定費です。ですから、人件費だからといって、すべてが固定費に含まれるわけではありませんし、すべてが変動費に入るわけでもありません。このように、正確に仕分けすることは非常に難しいのです。

　ですから、原則を覚えて、シンプルに分けることが必要です。原則とは、**「売上げとともに変動しない費用は固定費。変動する費用は変動費」**です。ただ、実務的にはなかなか完全に分けるのは難しく、割り切りが必要な場合も少なくありません。

経営危機時はともかく費用を削る

　費用について、どのように考えればいいのでしょうか。費用は、会社が赤字になって経営危機に陥ったときに、真っ先に注目するポイントです。

　経営コンサルタントの立場から説明すると、危機がやって来た場合は、短期的に売上げを伸ばそうとしても、簡単にコントロールできるものではありません。多くの場合、危機がやって来るのは、景気が悪いときです。そういう時期に売上げを伸ばそうと努力しても、うまくいく可能性は低いでしょう。

　そこでできる努力は、費用の削減です。日産自動車のカルロス・ゴーン社長（当時）が会社を建て直したときも、売上げアップよりもとにかくリストラに注力しました。徹底的に費用の削減を行ったのです。

　なぜかと言うと、費用の削減は自社でかなりの程度コントロールできるからです。100億円のコストを減らせば、100億円の利益が改善します。一方、100億円の売上げを伸ばそうとしても、本当にそれだけ確保できるかどうかは分かりません。お客さまはコントロールできないからです。何か対策を打ってすぐに売上げが伸びるのだったら、そもそも経営危機など起きていません。

　もちろん、中長期的には、お客さま第一を徹底し、売上げを増やしていかなければ会社は大きくなりません。しかし、**危機がやって来たときは、まずは費用を削減する**ことです。これは経営の鉄則です。月単位で、とにかく早く黒字に転換するのです。「2年くらいかけて収益を改善しよう」などとのんびりしたことを言っていたら、会社はつぶれます。

　日本航空（JAL）を再建した稲盛和夫氏、あるいはシャープを立

て直した戴正呉氏のように、費用の削減、収益の改善はスピード勝負です。採算が悪い事業を売却したり、売るのが難しければ清算したりして、固定費を大きく削ります。そうすると、一時的に特別損失が出ますが、赤字が続くことはなくなります。

　もちろん、特別損失でもキャッシュが流出するものもありますが、評価減だけの場合も少なくありません。事業を売却して特別損失が多額に出ても、場合によってはキャッシュ・フローがプラスになることも少なくないのです。JALの場合、路線の廃止を含めた見直しを大胆に行いました。

　次に行うのは、変動費の見直しです。備品などを安いものに変えます。例えば、JALでは1つの軍手を使う期間を長くしたり、燃料費のムダを削減したりといったコスト削減を行いました。売上げを減らしてでも黒字を確保し、最終的には見事に業績が回復したのです。

　もちろん、政府の破綻処理による優遇措置が業績を押し上げた部分もありますが、稲盛元会長の徹底したコストカットによる収益改善と意識の統一が、JALをV字回復させた大きな要因となったことは間違いありません（「アメーバ経営」という小単位での生産性改善〈人時生産性:1人あたり1時間あたりの付加価値額をコントロールする〉を行いましたが、興味のある方は、日経ビジネス人文庫『稲盛和夫の実学』などをお読みください）。

会社を小さくする能力があるか

　怖いのは、業績が急速に悪化したシャープのようなケースです。シャープの堺工場は、パネル工場だけで3,800億円、インフラ整備費もあわせるとさらに巨額の資金を必要とする巨大液晶工場でした。

これほど大きな投資をしてしまうと、固定費を減らすことがなかなかできません。しかも、堺工場のような半導体を作る装置は使える期間がそれほど長くないため、償却期間が短くなります。つまり、工場を作ってしまったら、事業をやめない限り多額の償却負担がかかるのです。一度、巨額の投資をしてしまうと、小さくなりにくいというわけです（その後、シャープは台湾の鴻海精密工業の手助けで収益力を回復しました）。

　企業経営においては、**小さくなれる能力を持てるかどうか**、が非常に大切です。借入れをしてでも、お金さえかければどんな会社でもある程度は大きくすることはできますが、大きくした事業をいざというときに縮小できるかどうか。この点が明暗を分けるのです。

　ちなみに、シャープの競合であるソニーのとった戦略は、「小さくできる戦略」でした。いち早く液晶から撤退し、液晶製造はライバルのシャープに任せたことで利益は減りましたが、失敗したときのロスの可能性（ダウンサイドリスク）を小さくしたのです。

　しかし、シャープは巨大工場を作ってしまったので、後戻りができませんでした。一方通行しかなく、事業売却以外の出口がなかったのです。これが、シャープの最大の敗因です。

　一方通行（巨額の投資）の先が青天井で開けているのか、それとも崖っぷちの状況が待ち受けているのかは、予測が極めて難しいことです。極端な話、行ってみないと分からないことも多いでしょう。ですから私は、会社は小さくなる能力を持っているかどうかが大切だと考えているのです。

　「小さくなる」というのは、外注を使って事業を縮小するといった初歩的なことから、いざとなれば事業ごと売却するということまで、さまざまな方法を指します。このような縮小の手立てがないと、投資が失敗したときに一気に経営危機に陥ります。

　ただし、売却はそれほど簡単ではない場合も多く、また、かなり損失を出す必要がある場合があるのは言うまでもありません。

利益を増やす順番を間違えない

　経営危機に陥ったら、まずは費用を削減して黒字を確保すると説明しました。こうして月次の業績が黒字になったら、余裕ができますから、次の一手を打ちます。コスト削減ばかりでは会社がどんどん縮小してしまうため、業績が回復したら、今度は売上げアップに向けてお客さまが望む商品やサービスを作ります。マーケティングに力を入れて、「お客さま第一」でお客さまの望む商品やサービスを提供することを考えるのです。

　会社の利益を増やすためには、費用を削減するか、売上げを伸ばすかの2通りしかありません。注意しなければならないのは、順番を間違わないこと。**緊急の場合には、まず、費用の削減。次に、売上げを伸ばす方法を考えます。**この順序を守ることが鉄則です。

　腕の悪い経営コンサルタントは、経営危機に陥った会社に対して、「気合いを入れて売上げを伸ばしましょう」「マーケティングを行って、新しい商品を作りましょう」などとアドバイスします。しかし、その間に会社がつぶれてしまうことも少なくありません。社員が気合いを入れるどころではなくなってしまうのです。

　黒字の会社の場合には、資金的＝時間的な余裕があるため、「お客さま第一」を徹底し、さらに売上高・利益を上げることを考えます。もちろん、ムダを減らし効率を高める努力も必要です。

　反対に、赤字に陥って資金的余裕もなく、建て直すという局面だと、繰り返しですが、真っ先に費用の削減を行うしかありません。その後に、お客さまに喜んでもらえる商品やサービスを開発します。どちらも大切なことですが、順番を間違えないことです。

3

原 価 計 算 の
正 し い 運 用 方 法

正確な収益が見えなくなる罠

　ここからは、原価の計算方法を詳しく説明していきます。第3章
の損益計算書のところで、「製品を作るためにかかった原価は、売
り上げた分だけ費用として計上する」と説明しました。これは「**全
部原価計算**」と呼ばれる方法で、財務会計の原則となっています。

　ただし、この方法は財務会計の限界ももたらしています。第3章
2節でも触れましたが、全部原価計算では、いくら大量に材料を仕
入れても、大量に製品を作っても、売れなければ費用化されませ
ん。反対に言うと、**売れようが売れまいが、大量に仕入れて大量に
作ったほうが表面的な利益を出しやすい**のです。

　その理由は、先に述べたように2つあります。1つは、たくさん
仕入れるほど1個あたりの仕入れ値が安くなりやすいこと。もう1
つは、固定費を製品の個数で割ると、1個あたりにかかる固定費が
安くなることです。

　もちろん、不良在庫が積み上がったのなら、あとで費用として計
上しなければなりませんが、1期くらいは損失にしなくても問題あ
りません。

　ここが財務会計の限界です。少し財務諸表を読める人であれば、
「この会社はたな卸資産が異常に増えているから、大量に作って原

180

価を落としているんだな」ということが分かります。しかし、事業や工場ごとの採算などは外部に見せる必要がないため、工場単位などではこうしたずるい操作が表に出てこないことがあるのです。

　例えば、社内にＡ工場、Ｂ工場、Ｃ工場があるとします。この3つの工場の採算を調べる場合、ふつうは、それぞれの利益を比較します。当然、Ａ工場長、Ｂ工場長、Ｃ工場長のうちもっとも評価されるのは、一番利益を出した工場長です。

　第3章で説明したとおり、利益とは、売上高から費用を差し引いたものです。売上げは、お客さまや世の中の動向によって決まりますが、自分たちで費用を削減すれば、当然、利益が増えます。

　ここで、Ａ工場長が少し会計を知っている人で、「在庫が増えてもいいから、大量に生産し、原価を下げてしまおう」と考えたとします。すると、目論見どおり、Ａ工場の成績はみるみるうちに上がります。全部原価計算では、大量に生産しても、売れた分だけが費用化されるので、積み上がった在庫さえ気にしなければ、工場の表面的な「利益」を高めることは可能なのです。

　ところがある日、本社が在庫を調べてみたら、Ａ工場の在庫が大量に積み上がっていることが判明しました。あわてた本社は、在庫の代金を支払うためにお金を調達しようとしましたが、資金繰りがつかず、結局つぶれてしまう、あるいは倒産まではいかなくとも、多量の不良在庫に悩まされるということもありうるのです。これは極端な例ですが、現実に起きる可能性があることです。

　実際に、このようなずるいことをする会社はあるのでしょうか。まず上場企業では考えにくいでしょう。決算が開示されれば、財務諸表からすぐに分かってしまうからです。非上場企業でも、大量の在庫を抱えてまで利益を出そうとする人は少ないのではないでしょうか。

ただ、会社レベルではなく、小さな事業や工場という規模で、「自分の事業（あるいは工場）の成績をよく見せよう」と考える人はいるかもしれません。

　さらに悩ましいのは、会社全体でそれを行って全部原価計算の抜け穴を悪用しても、違法行為ではないということです。粉飾決算にもあたりません。

弱点をカバーする「直接原価計算」

　このような事態を解決する手段が「**直接原価計算**」です。直接原価計算とは、一定の期間内にかかった固定費をすべてその期間の費用として計上する計算方法です。先ほどの例だと、Ａ工場での固定費を、一定期間内の費用として計上します。

　直接原価計算は、具体的にどのように計算するのでしょうか。はじめに、売上高から変動費を引いて「**限界利益**」を出します。次に、限界利益からすべての固定費を引いて、利益を計算します。まとめると、図表5-7のようになります。

■ **図表5-7　全部原価計算と直接原価計算の計算方法**

全部原価計算
　利益
　　＝売上高－（製品1個あたりにかかった変動費・固定費 × 売り上げた個数）

直接原価計算
　利益
　　＝売上高－変動費と一定期間にかかったすべての固定費

　この2つの大きな違いは何でしょうか。全部原価計算では、売り上げた分の費用しか差し引かれていないのに対し、直接原価計算で

は、売れても売れなくても一定期間にかかった固定費がすべて差し引かれています。

　だから、どちらも売れる分だけ作っていれば、利益は変わりません。ところが、大量に在庫を積んで、表面的に利益を出そうとする場合には、大きく違ってきます。その場合は、当たり前ですが、全部原価計算で出した利益は大きくなり、直接原価計算で出した利益は小さくなります。

〈例題〉

　ここに、売値1万円の製品があるとします。変動費は1個あたり1,000円、固定費は年間5,000万円かかります。

　まず、年間1万個を生産して販売している場合。全部原価計算では、変動費が1,000円、固定費は5,000万円÷1万個=5,000円ですから、1個あたりの費用は6,000円です。1万個の需要があるとすると、売上高は1億円ですから、利益は、1億円から費用の6,000万円（6,000円×1万個）を引いた4,000万円です。

　直接原価計算でも結果は同じです。売上高の1億円から、変動費の1,000万円を差し引いて限界利益を計算し、そこから固定費の5,000万円を引くと、利益は4,000万円になります。

　一方、1年間で10万個の製品を作った場合はどうでしょうか。売上高は、どちらの原価計算を使っても、売値が同じなら需要は同じなので、1年間で1億円を売り上げるとします。この場合、10万個作った場合には9万個の在庫が残ってしまいます。このときの利益を、全部原価計算と直接原価計算で求めてみましょう。

　まずは全部原価計算。1個あたりの固定費を計算すると、5,000万円÷10万個=500円となります。先ほどの10分の1です。そして、1個あたりにかかる費用は、変動費1,000円＋固定費500円=1,500円と計算できます。これを先ほどの計算式に代入すると、

次のようになります。

$$利益 = 1億円 - (1,500円 × 1万個) = 8,500万円$$

多く作るほうが利益が出るのです。

続いて、直接原価計算を使って利益を計算します。

直接原価計算では、売上高から、変動費と一定期間のすべての固定費を差し引きます。固定費は年間5,000万円。変動費は、1,000円×1万個=1,000万円となりますから、利益は次のようになります。

$$利益 = 1億円 - 1,000万円 - 5,000万円 = 4,000万円$$

全部原価計算で計算すると8,500万円の利益が出たことになりますが、直接原価計算では1万個作ったときと同じ4,000万円になってしまいます。在庫が積み上がっていると、計算方法の違いによってこれだけの差が出てしまうのです。

ただし、どちらが正しくてどちらが間違っているということではありません。あくまでも考え方の違いです。財務会計は売れた分だけ費用を計上するのが原則なので、どうしても積み上がった在庫の分の費用は考慮されなくなってしまいます。その部分を見落とさないためにも、直接原価計算の方法を知っておくことはとても大切です。

この派生形で、仕入れた商品を売るような場合に、管理会計上は、売れた分だけではなく、仕入れた分をすべてその期の費用とする利益計算をしている会社もあります。キャッシュベースに近い考え方です。

黒字化のため最低限確保する「限界利益」

先ほど「**限界利益**」という言葉が出てきました。これについて少し補足します。限界利益とは「貢献利益」とも呼ばれ、次のような式で計算されます。

限界利益 = 売上高 − 変動費

限界利益は、1個あたりで計算する場合もありますし、売上高全体から計算する場合もあります。例えば、1個30円で仕入れたものを100円で売った場合、限界利益は70円になります。

もちろん、実際には限界利益がそのまま会社のもうけになるわけではありません。ここから、人件費や減価償却費、広告費、会社の運営にかかる費用などを差し引いて、ようやく利益が生まれます。

ただ、限界利益は最低限、稼がなければならない金額ですから、会社のもうけの基本となります。当然のことながら、ここを確保しなければ黒字になりようがありません。

直接原価計算のデメリット

なぜ、財務会計では全部原価計算を使い、直接原価計算が採用されなかったのでしょうか。不良在庫の分も見落とさずに計算できるのなら、直接原価計算のほうが正確に収益性を見ることができるはずです。

この理由はとてもシンプルです。直接原価計算では、売上高から一定期間の変動費とすべての固定費を引くと説明しましたが、この方法だと、製品1個あたりの変動費は分かりますが、1個あたりの固定費は分かりません。つまり、**1個あたりの費用が計算できない**

ので、**値決めができなくなってしまう**のです。

　一般的に、製品を作る場合は、「10万個作れば、9万個以上は売れるだろう」というふうに試算をしたうえで作り始めます。こうして固定費を1個あたりに配分して、価格を決めていきます。ところが、直接原価計算の場合は、「1個あたり」という点は一切考えず、期間内にかかった固定費を全部引いてしまいます。これだと、1個あたりにかかる費用は、変動費については分かりますが、固定費分は計算できません。

　同じ理由で、直接原価計算では製品在庫の値段も計算できないため、貸借対照表にあるたな卸資産の額も正確には分からなくなってしまうという問題が生じます。

　そのため、正確に期間の損益状況を調べる場合は直接原価計算のほうが適しているのですが、財務会計では直接原価計算を使っていないのです。

　繰り返しになりますが、財務会計は「**売れたときをベースに考える。売れないものは費用化しない**」ということが大原則です。この財務会計の限界を理解しておくことが大切です。

値決めにつきまとう難しい問題

　先ほど値決めについて触れましたが、実は、値決めというのはとても難しい問題です。例えば、10万個売れるという前提の製品があったとすると、固定費は10万個で割って1個あたりにかかる金額を計算します。こうして1個あたりの固定費を計算したうえで、製品の価格が決められます。

　この場合、固定費は10万個で配分したので、10万個を1個超えた分からはかからなくなります。つまり、そこを超えればすごくもうかるわけです。

　このような理屈から、大きな問題になった出来事があります。1980年代に日米の間で起こったダンピング問題です。「ダンピング」とは、国内の価格より大幅に安い価格で製品を海外で販売し、公平な競争を妨げてしまうこと。かつて日本企業は、安い価格の鉄鋼製品を米国で販売しており、「そんなに安い価格で販売されると、米国内でのシェアが奪われてしまう」と米国からダンピング訴訟を起こされたことがあったのです。

　どういうことか、詳しく説明しましょう。例えば、日本のメーカーが日本で製品Aを作ったとします。日本での販売価格は1台500万円です。そのうち、1台あたりの変動費は300万円、固定費は150万円、利益は50万円です。そして、日本で販売した1万台の売上げで固定費がすべてまかなえたうえ、利益も十分出たとします。

　この場合、米国に輸出する分は、固定費を差し引いた価格で販売しても、損は出ないことになります。そして、そのほうがもちろん競争力があります。そこでメーカーは、「では、米国では固定費150万円を引いた350万円の価格で売ろう」と決めたとします。す

ると、どんなことが起こるでしょうか。

　価格が安ければそれだけ競争力が強くなるので、米国ではたくさん売ることができます。市場シェアもどんどん拡大していきます。ただ、その一方で、米国の同製品のメーカーから「日本製品Aの価格が安すぎて、自分たちの製品が売れなくなってしまう」という反発が起きます。

　これと同じことを日本のカメラメーカーが行いました。当時はたくさん輸出することができなかったため、日本の販売ですべて固定費を償却できるような数量設定、価格設定をしていたのです。日本では固定費を含む高い価格で売って、米国では固定費を差し引いた安い価格で販売しました。当時、日本のカメラはニューヨークで買うほうが安かったのです。米国ではもうカメラを作っていなかったので、ダンピング訴訟を起こされることはありませんでした。

　しかし、鉄鋼製品でも同じことがあり、ダンピング訴訟の対象となったのです。

　日本企業としては、海外でのシェアを取りたいので、「固定費はすでに日本で償却してしまっているから、海外では安く売りたい」と考えます。一方、海外では、「きちんと固定費を含めた価格にしてもらわないと、こちらの国の産業が維持できなくなる」と反発されます。

　また、固定費の配賦とは違う別の問題もあります。

　先ほどの例だと、日本での1台あたりの販売利益は50万円でした。このとき、米国の販売会社に輸出する際の仕切り価格（これを「移転価格」と言います）を、国内会社の利益を含めて470万円と設定していたとします。これを日本と同じ500万円で米国で販売するとすれば、原価は450万円ですから、日本の会社が20万円、米国の販売会社が30万円の利益ということになります。しかし、この仕切

値を480万円にすれば、日本で30万円、米国で20万円利益が出ます。

この場合、米国の税務当局から「日本では利益の幅を増やしたようだが、米国で売る分の利益が下がった」と文句を言われるのです。米当局からすれば、米国でたくさん利益を出して税金を払ってほしいからです。

このように、移転価格の問題は海外との間で頻繁に起こっています。価格設定は、固定費をどこまで含めるのか、利益をどこでどれだけ出すようにするのかが非常に難しいのです。

特に固定費については、生産予定数量によって大幅に変わってきます。1万台売れるだろうと思っていたところ、予想以上に売れてしまって2万台生産したら、固定費は半分ですんでしまいます。

その調整をうまくやらないと、日本と海外のどちらかですごく利益が出て、どちらかで利益が出ない、という問題が生じるのです。

コストを正確に把握する方法「ＡＢＣ」

次に、原価計算に必須のコストの計算方法を説明していきます。管理会計を行ううえで非常に難しいのは、部門別、あるいは商品ごとなどの経費がどれくらいかかるかを計算することです。正確に会社や事業の採算を調べようと思ったら、まずはそれぞれの事業ごとの経費をしっかり把握しなければなりません。

その有力な手法の1つが、「ＡＢＣ（Activity Based Costing:活動基準原価計算）」という考え方です。

例えば、Ａ製品を作り販売する場合、材料の仕入れだけでなく、製品の設計、部品の製造、組み立て、塗装、梱包、輸送などといった工程ごとにコストがかかります。この1つ1つのトランズアク

ション（活動単位）ごとにコストの単価を決めて経費を計算し、製品1個あたりに配分する方法をABCと言います。

　製品を作るためにかかった原材料費などの費用のことを「**直接費**」、特定の製品にかかるわけではなく、製品の製造に付随する広告費や営業費などの費用を「**間接費**」と呼びます。

　計算が難しいのは後者の「間接費」です。ここでは、主に間接費の計算方法について説明します。

　ABCは、今までどんぶり勘定にしていた間接費を、かなり正確に算出することができます。例えば、A商品の売上げと仕入れだけを見たら粗利がすごく稼げているように見えるものの、実は発送コストや営業コストなどの間接費が多くかかっていて、思ったほど利益が出ていなかったということもありえます。

　そこで、間接費をトランズアクションごとに細かく分けて計算し、製品・商品ごとに付加していくのです。具体的な手順は以下のとおりです。

〈手順1〉経費が発生する1つの作業を「活動」として決める。

　経費が発生する1まとまりの作業を活動として定めます。例えば、製品の検査や発送、伝票処理などを1まとまりの活動と決めます。

〈手順2〉それぞれの「活動」にかかる費用を計算し、各「活動」に割り当てる。

　次に、各活動にかかる費用を計算します。例えば、発送作業なら、梱包材の金額、梱包する人の人数と労務費などをすべて計算し、発送作業という活動にいくらかかるという形で割り当てます。

〈手順3〉それぞれの「活動」の経費配分基準（「コストドライバー」）を決める。

　コストドライバーとは、各活動にかかる間接費を、どのような基準で配分するかを決める単位のことです。例えば、発送作業であれば、発送する荷物の個数、伝票処理であれば伝票の枚数がコストドライバーになります。

〈手順4〉コストドライバー1単位あたりの「配賦単価」を決める。

　活動ごとに割り振られた間接費を、一定期間のコストドライバー数で割って、コストドライバー1単位あたりのコストである「配賦単価」を決めます。例えば、伝票処理ならば、それにかかる費用を伝票枚数で割って、1枚あたりの間接費を計算します。

〈手順5〉「配賦単価」×「コストドライバー」の数量＝間接費として計算する。

　では、例題を使って、ABCを実践してみましょう。数字の項目が多いので、図表5-8を見ながら読み進めてください。A製品、B製品を作るときの間接費を、ABCの方法を使って計算してみます。

〈手順1〉費用が発生する1まとまりの作業である「活動」を、「材料手配・受入れ」「品質検査」「梱包・発送」「伝票処理」と決めました。

〈手順2〉各活動にかかるコストを調べ、それぞれ40万円、60万円、70万円、30万円と割り当てました。

〈手順3〉コストドライバーを決め、その作業数を計算し、作業1回あたり間接費がいくらかかるか、という基準で計算します。

〈手順4〉「各活動にかかるコスト÷作業数＝活動1回あたりにかかるコスト」を計算。例えば、材料手配・受入れのコストドライバーはA製品とB製品をあわせて20回とあるので、40万円÷20回＝2万円／回と計算できます。

〈手順5〉A製品とB製品にかかる間接費を、それぞれ回数をかけ計算します。

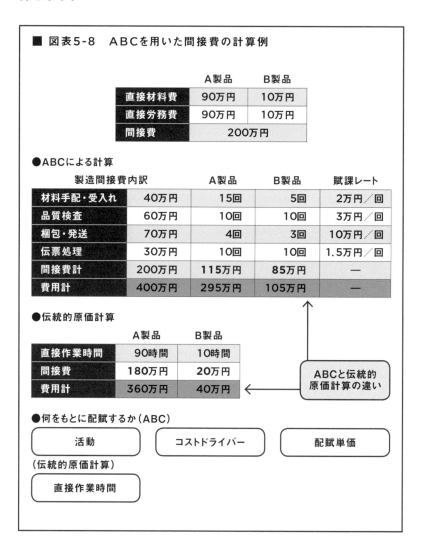

■ 図表5-8　ABCを用いた間接費の計算例

	A製品	B製品
直接材料費	90万円	10万円
直接労務費	90万円	10万円
間接費	200万円	

●ABCによる計算

製造間接費内訳		A製品	B製品	賦課レート
材料手配・受入れ	40万円	15回	5回	2万円／回
品質検査	60万円	10回	10回	3万円／回
梱包・発送	70万円	4回	3回	10万円／回
伝票処理	30万円	10回	10回	1.5万円／回
間接費計	200万円	115万円	85万円	─
費用計	400万円	295万円	105万円	─

●伝統的原価計算

	A製品	B製品
直接作業時間	90時間	10時間
間接費	180万円	20万円
費用計	360万円	40万円

ABCと伝統的原価計算の違い

●何をもとに配賦するか（ABC）

活動	コストドライバー	配賦単価

（伝統的原価計算）

直接作業時間

　このようにして間接費を計算すると、A製品は115万円、B製品は85万円となります。直接費だけを引いた「粗利」だけで採算を管理するのではなく、間接費も考慮しないと、どちらの製品に今後注力すればよいかの判断を誤ってしまうことにもなりかねません。

　管理会計については、まだまだ奥の深い部分がありますが、まずはこれくらいのことを押さえておくと、実践ではかなりのことが分かるでしょう。

会社の値段は
どう計算するか

次に、会社の価値（値段）、つまり「企業価値」をどのように算出するかを説明します。M&A（会社の合併・買収）が活発化する中で、会社や事業の価値をどのように算出するかの基本を理解しておくことはとても大切です。

会社の値段を測る方法① 「DCF法」

会社の値段（企業価値）はどうすれば計算できるのでしょうか。会社の値段と言うと、一般的には「**株式の時価総額**」のことです。

時価総額とは、「1株あたりの株価（時価）×発行済みの株式数」です。要は、そのときどきの株価に株数をかけたものです。

しかし、会社を買収するときには、必ずしもこの「時価」で買うわけではありません。もちろん、時価総額は、会社の値段のベースになりますが、必ずしも「公正」な値段とは言えない場合があります。上場企業の株式の場合、例えば1億株のうち、1株だけが取引されても、すべての株式の値段が、その取引された一部の株式の値段とされてしまうからです。

そこで、会社の値段を客観的に算出するために、多くの場合、「**ディスカウンテッド・キャッシュ・フロー法（DCF法）**」が使われます。これは、M&Aの際によく使われる方法です。

少しややこしいかもしれませんが、ゆっくり読み進めてくださ

い。

　まず、会社が将来生み出すキャッシュ・フローを各年分計算します（この場合のキャッシュ・フローはフリーキャッシュ・フローを使うことが多い）。

　次に、それを「**現在価値**」に直します。ここが一番難しいポイントなので、丁寧に説明します。例えば、ここに100万円があるとします。この100万円を、今もらうのと、1年後にもらうのとでは、どちらのほうが得でしょうか（まずご自身で考えてみてください）。

　答えは「今」です。なぜでしょうか。この点を理解すれば、この項目はほとんどクリアしたも同然です。

　カギとなるのは「金利」です。例えば今、安全確実に1%で運用できるとします。税金は説明が複雑になるので計算から除外すると、今の100万円は、1年後には101万円になります。そのとき、みなさんは次のように計算したはずです。

$$100万円 \times 1.01 = 101万円$$

　ということは、反対に、1年後の100万円を今の価値（現在価値）に直そうとすると、1.01で割ればいいのです。

$$1年後の100万円の現在価値 = 100万円 \div 1.01 = 約99万円$$

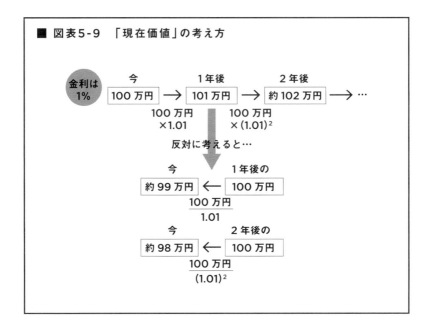

■ 図表5-9　「現在価値」の考え方

金利は1%

今	1年後	2年後
100万円 →	101万円 →	約102万円 → …

100万円 ×1.01　　100万円 ×(1.01)²

反対に考えると…

今	1年後の
約99万円 ←	100万円

$$\frac{100万円}{1.01}$$

今	2年後の
約98万円 ←	100万円

$$\frac{100万円}{(1.01)^2}$$

　念のため、もう1つ例題を出します。1%で運用できるとすると、2年後の300万円は現在価値でいくらになるでしょうか。

　　300万円 ÷ 1.01 ÷ 1.01 ＝ 約294万円
　　まとめると、
　　300万円 ÷ (1.01)² ＝ 約294万円

となります。これが2年後の300万円の現在価値です。
　この要領で会社の価値を計算する場合は、まず将来生み出すキャッシュ・フローを（1＋金利）で割って足し合わせていきます。n年目のキャッシュ・フローをCF（n）とすると、図表5-10のようになります。

■ 図表5-10　「将来のキャッシュ・フローの現在価値」の計算法

$$\text{将来の キャッシュ・フローの 現在価値} = \frac{cf_1}{(1+i)} + \frac{cf_2}{(1+i)^2} + \frac{cf_3}{(1+i)^3} + \cdots$$

cfn：n 年目のキャッシュ・フロー
i：金利

（例）1 年目 30 億円、2 年目 40 億円、3 年目 50 億円の
キャッシュ・フロー。金利は 5%とする。

$$\text{将来の キャッシュ・フローの 現在価値} = \frac{30 億}{(1+0.05)} + \frac{40 億}{(1+0.05)^2} + \frac{50 億}{(1+0.05)^3}$$
$$= 108.04 億円$$

　これをどこまで足し合わせるかは、ケースバイケースです。会社を買う側、売る側という立場によっても異なります。当然ですが、買う側はできるだけ安く買いたいわけなので、せいぜい10年分くらい、言い換えれば、将来のキャッシュ・フローを確実に予想できる期間を足し合わせます。

　一方、売る側は高く売りたいと考えるので、それ以上の年数を足し合わせることがあります。永久価値を計算する場合もあります。

　これはルールとして決まっているわけではなく、買う側、売る側の間で開示する必要もないので、買収したい人や売却したい人が「その会社の値段は適正か」を見極めるときに、適宜計算します。

　金利は、買い手側は、通常、自社の資金調達コストであるWACC（加重平均資本調達コスト、第6章で詳述）を使います。売却側は、WACCを使う必要はないので、長期の国債金利を使うこともありますが、決まったルールはありません。

また、証券会社のアナリストたちの中にも、自分なりの基準の年数でDCFを使って会社の価値を計算し、それと比べて現在の株価が適正かを判断している人たちがいます。

以上のとおり将来のキャッシュ・フローの現在価値を計算したら、会社の値段まであともう一歩です。最後に次のように計算します。

会社の値段 =
将来のキャッシュ・フローの現在価値 - ネット有利子負債

「**ネット有利子負債**」とは、実質的な有利子負債だと考えてください。例えば、借入金や社債などの有利子負債が80億円あり、現預金や短期で運用している有価証券が20億円あるとします。すると、60億円が「実質的な有利子負債＝ネット有利子負債」になります。

会社を買収すると、その会社が持つ有利子負債も買収側が引き受けるわけですから、将来のキャッシュ・フローの現在価値からその分を差し引くのです。非常に長期の買掛金などで、有利子負債の代わりにファイナンスしている場合なども、それを差し引くことがあります。返済、支払いをしなければならないからです。

会社の値段は、当然のことながら交渉の際には、買収する側と売却する側の両方でそれぞれ計算します。先ほども説明したとおり、買う側は安く買いたいし、売る側は高く売りたいので、値段が合わないことが多くあります。

例えば、売り手が計算したら100億円となり、買い手が計算すると50億円にしかならない場合もあります。そこから交渉が始まり、折り合わなければ決裂します。しかし、売り手も買い手も譲歩して

「75億円でいい」となれば、売買成立です（生鮮市場での競りと同じ）。

少し説明が長くなりましたが、ここでは、**DCF法で算出した会社の値段は、「将来生み出すキャッシュ・フローから実質的な有利子負債を引いたもの」**と覚えてください。

会社の値段を測る方法②　「ＥＢＩＴＤＡ倍率」

投資ファンドなどは、違った方法で会社の値段を算出することがあります。「**EBITDA**」という指標を用いる方法です。

「EBITDA（イービット・ディーエー、またはイービッダーと読む）」は、多くの人にとって聞き慣れない言葉でしょう。「Earning Before Interest, Tax, Depreciation and Amortization」の略で、日本語では「金利・税・減価償却前利益」となります。かんたんに言うと、「**営業利益に減価償却費を足し戻したもの**」です（ちなみに、Depreciationは有形固定資産の減価償却費で、Amortizationは無形固定資産の減価償却費）。

先ほど説明したDCF法を用いる方法は、会社が将来生み出すキャッシュ・フローに着目するもので、M&Aなど未来に向かっての投資には適した考え方です。しかし、将来のキャッシュ・フローを予測するのは難しく、計算も複雑で、恣意的になりやすいという問題点があります。

一方、EBITDAは、過去の実際の数字（営業利益と減価償却費）をベースとしているため、恣意性が少なく、計算も比較的簡単という利点があります。

このEBITDAを使った会社の値段の計算式は、次のようになります。

会社の値段 ＝（EBITDA × x倍）－ ネット有利子負債

ネット有利子負債を差し引く点はDCF法と同じで、「EBITDAの x倍」を「将来のキャッシュ・フローの現在価値」に置き換えると まったく同じ式になります。つまり、**EBITDAのx倍は「将来の キャッシュ・フローの現在価値を類推したもの」**と考えることがで きます。

　また、EBITDAのx倍の「x倍」のことを、専門用語では**「EBITDA 倍率」**と呼びます。

　「x倍」が実際に何倍になるかは、M&A市場の活発さによって変 わります。資金がだぶつき気味で景気が比較的良く、「売り手市場」 の場合には倍率が高くなりやすく、反対に、資金不足や景気が悪い 場合などには、倍率が下がります。

　私の経験則では、5倍なら買収に前向きで、7〜8倍を超えると高 い感じがします。10倍となると、けっこう多くのファンドが二の 足を踏むのではないかと思います。

事業会社はDCFを、ファンドはEBITDAを使う理由

　ここまで、DCF法とEBITDA倍率の考え方を説明してきました。この2つには、ある決定的な違いがあります。

　先にも少し触れましたが、**DCF法は「未来の数字」を予測して計算する方法、EBITDA倍率は過去の数字から計算する方法**だということです。

　その点を考えると、事業会社や自分自身が会社を経営できるプライベート・エクイティ・ファンドのようなところであれば、未来の数字から計算するDCF法を使ってもいいでしょう。自分たちで事業を買収して経営できるのであれば、努力次第で将来のキャッシュ・フローを変える（増やす）ことができるからです。

　しかし、マイノリティ・インベスター（非支配株主）のように、自分たちが経営に参加しないファンドなどから見ると、未来のキャッシュ・フローがどうなるかをコントロールすることは難しいでしょう。そこで、過去の実績である、EBITDA倍率で計算します。

　つまり、自分たちが経営に参加しないファンドは過去の実績を、自身も経営に参加する事業投資家たちは未来の数字を見ているのです。

　では、実際の会社の数字を見てみましょう。日本マクドナルドホールディングスの2020年12月期のEBITDAは425億1,600万円です。これは、損益計算書に載っている営業利益312億9,000万円に、キャッシュ・フロー計算書の「営業活動によるキャッシュ・フロー」にある「減価償却費及び償却費」112億2,600万円を足したものです。

　2020年12月末のマクドナルドの時価総額は約6,650億円、ネット

有利子負債は▲614億3,400万円（現預金のほうが有利子負債より多い）です。これを先ほどの式に代入します。

（425億1,600万円 × x）−（-614億3,400万円）= 6,650億円

x = 14倍

つまり、もし時価総額で会社を買収するとすれば、EBITDA倍率は14倍と計算できます。少し高いかもしれません。

しかし、これはファンドなどのファイナンス的な視点です。もしシナジー（相乗効果）を考える戦略的な買収者がいるとすれば、もっと高値で買収を考えることもありえます。

この場合には、戦略的買収者はEBITDA倍率で考えるのではなく、先に説明したDCF法で考えることになるでしょう。自社と一緒になった場合、考えられる将来のキャッシュ・フローを前提に会社の値段を考えるほうがより合理的だからです。

会社の価値を高める方法

では会社の値段を高めるためにはどうすればいいのでしょうか。難しく考える必要はありません。

先ほどのDCF法の式からも分かるように、将来のキャッシュ・フローを増やす、あるいは、EBITDAでは現在の利益を増やす、さらには、どんな場合でもネットの有利子負債を削減することが、会社の値段を高めることにつながるのです。

第4章2節のフリーキャッシュ・フローの説明で、「稼ぐ」と「使う」の説明をしました。「稼ぐ」とは、営業利益やフリーキャッ

シュ・フローを稼ぐことですが、その源泉は利益や営業キャッシュ・フローなので、EBITDAを高めることにつながります。

　一方、「使う」にあたる未来への投資や財務の改善は、将来のキャッシュ・フローを高め、DCF法での会社の価値を高めます。

　いずれにしても、「稼ぐ」と「使う」を適切に行うことが、会社の値段を高めることにつながるのです。

第 6 章

注目の指標で
経営を深く読む
―ROE、ROA、資本コスト、EVA

ＲＯＥとＲＯＡを
使いこなす

　第5章では、管理会計の基本的な概念を説明しました。この章で
は、このところ注目度が高まったROEとROA、それとも大いに関
係するWACCやEVAを取り上げます。

　第1章から第3章で貸借対照表と損益計算書の基本を学びました
が、この知識をもとに解説していきます。

「ROE」── 株主のお金でどれだけ稼いでいるか

　「ROE」（自己資本利益率）とは「Return On Equity」の略で、**「株主
が会社に預けているお金を使って、どれだけリターン（利益）を稼
いでいるか」**を見る指標です。「率」なので「○%」という形で表わ
されます。以下の式で計算します。

ROE ＝ 当期純利益 ÷ 自己資本

　「当期純利益」「自己資本」については、第1章、第3章で説明し
ました。（親会社株主に帰属する）当期純利益は、売上高から経費を差
し引いて最後に残った利益、自己資本は、貸借対照表の右下の「純
資産」の一部を占めるものです（十分に思い出せない場合には、それら
の項目に立ち返ってもう一度確認してください）。

　ROEの数値が高い会社は、「株主から預かったお金を使って、効

率良く利益を稼いでいる会社」と言うことができます。

　ROEを計算するときの注意点は、必ず「当期純利益」を使うということです。株主に帰属する利益は、営業利益でも経常利益でもなく、（親会社株主に帰属する）当期純利益だからです。

　ここでは、まずは定義だけ頭に入れてください。のちほど、これがどういう意味を持つのか詳しく説明します。

「ROA」―― 資産に対してどれだけ利益を生んでいるか

　続いて「ROA（資産利益率）」です。これは「Return On Asset」の略で、**「資産（Asset）に対して、どれだけの利益を生んでいるか」を示す指標**です。ROEと同様に、「○％」という形で表わされます。

　「資産」については、第1章で説明した貸借対照表の構造を思い出してください。左サイドの「資産の部」には、その会社が保有するさまざまな資産がまとめられています。現預金から有価証券、さらには商品などの在庫、土地や、製造業であれば工場などの建物――。会社が事業を行ううえで必要な財産が並んでいます（貸借対照表の右側は、その財産をまかなうための資金の調達源としての「負債」と「純資産」）。

　会社は、貸借対照表の左側にある資産を使って、売上高や利益を稼ぎ出します。第3章で見たように、損益計算書では、こうして稼ぎ出した売上高から費用を差し引くことで利益を算出します。

　この知識を踏まえて、ROAの計算式を見てください。

$$\text{ROA} = 利益 \div 資産$$

　ここの「利益」とは、営業利益、経常利益、当期純利益、どれを

使ってもかまいません。資産を使って本業でどれだけ利益を稼いでいるかを知りたければ営業利益を、株主に帰属する利益と比べたければ当期純利益を代入すればいいのです（この点では、株主に帰属する利益＜＝当期純利益＞だけを使用するROEとは違います）。

どの利益を使うにしても、ROAが高い会社ほど、資産あたりの利益を効率良く稼いでいる会社と言うことができます。

ROEとROAの定義を整理すると、分子はいずれも利益（ただしROEの場合は必ず「当期純利益」）、分母は、ROEが「自己資本」、ROAは「資産（貸借対照表の左サイド全部）」です。

なぜ株主はROEを重視するのか

株主は、さまざまな経営指標の中でもROEを特に重視しています。特に、機関投資家はそうです。

理由は単純で、**ROEを見れば、「その会社が自分たち（株主）が会社に預けている（自分たちに帰属する）お金で、利益（厳密には当期純利益）をどれだけ効率良く稼いでくれているか」**が分かるからです。

仮に、当期純利益を100億円出した会社が2つあって、A社は自己資本が1兆円、B社は自己資本が500億円だったとします。どちらのROEが高いかは簡単に分かります。A社のROEは1％、B社のROEは20％です。

株主からすると、利益の絶対額は同じでも、500億円の自己資本で100億円の利益を出したB社のほうが圧倒的に経営が上手だという判断になります。

また、当期純利益は配当の源泉です（第2章3節で説明したように、貸借対照表の「利益剰余金」というところにいったん入って、そこから株主に配当が支払われます）。ですから、株主としては、自分が会社に預け

ているお金に対して当期純利益を効率良く稼いでくれるB社のほう
が評価が高いのです。

　株主と言っても、個人投資家の中には「ROEを気にしない」「そ
もそもROEが何かを知らない」という人もいるかもしれません。
しかし、機関投資家は違います。彼らは、会社が「株主から預かっ
たお金でどれだけ効率良く経営しているか」を非常に気にします
し、それを見る指標としてROEをとても重要視しているのです。

　ちなみに、機関投資家（Institutional Investor）とは、年金を運用し
ている年金ファンドや、生命保険会社や銀行などの金融機関などの
ことです。彼らは個人とは比較にならないほど巨額の株式投資をし
ており、金融市場に大きな影響を及ぼしています。

　ROEが低いということは、以下のようになりがちです。

①株主から預かっている資金に対するリターンが低いわけですか
　ら、ROEが高い会社に比べて株価が低迷しがち。
②投資家にとっては、配当とともに株価の上昇を望んでいるわけ
　ですから、株価の低迷は投資家の望むところではありません。
③上記の理由で投資家から株式が売却されやすくなります。
④株価が低迷する会社は時価総額が低くなるので、ほかの会社や
　ファンドなどから買収されやすくなってしまいます。

　これらから分かるとおり、特に上場企業の経営者は、ROEを無
視することができません。

「ROEが高い＝投資リターンが高い」とは限らないが……

　本筋からは少し外れますが、ここでROEと似て非なる「ROI
（Return On Investment＝投資利回り）」について説明をしておきま

す。ROIは経営指標ではなく、投資家が「自分が投資した金額に対して、どれだけリターン（利回り）を得られるか」を示した指標です。

　例えば、ある投資家が100万円の株式投資をして、これが1年後、配当と株式の値上がり分を合わせて110万円になったとします。この場合、「（110万円 − 100万円）÷ 100万円 = 10％」の利回りになります。これがROIです。

　ROEは、あくまでも自己資本をベースに当期純利益がどれだけ生まれたかを見る指標ですから、実際に個々の投資家がいくらのリターンを得ているかは分かりません。例えば、ROEが10％であっても、株価の変動や配当額によっては、100万円投資したものが200万円になっている（この場合、ROIは100％）可能性だってありますし、50万円（ROIはマイナス50％）の場合もあるわけです。

　ROEはあくまでも、自己資本に対する利益率を見るものです。どの投資家にとっても一律で、経営の良否の判断材料です。個々の投資家から見たROIとは異なるので、注意が必要です。

　一方、ROIは、投資家ごとにバラバラです。同じときに同じように投資をすればROIは等しくなりますが、一般的には、投資した日も株価もそれぞれ違うわけですから、ROIは異なる数字になります。

　一方、ROEは会社の自己資本と純利益から計算されるので、誰にとっても同じ数字になります。

　投資家にとってより重要なのはROEでしょうか、それともROIでしょうか。

　断然ROIです。「投資して結局、自分がいくらもうかったか」をそのまま示すものだからです。

　では、なぜ投資家はROEも重視するのでしょうか。投資家それ

れで異なるROIを持ち出しても、会社の利益の多寡（つまり経営の良否）を一般的に議論することはできないからです。「自社のROIだけを高めろ」という主張はできないでしょう。

　また、ROEが高いほうが、低いよりは配当が高くなったり株価が上がったりする可能性が高いので、結果的にROIも高くなるのではないかと考えているためです。

　見方を変えると、ROEの変動は経営側の責任と言えます。経営者がうまく経営していれば上がり、失敗すれば下がるのです。

　一方、ROIは、投資家がいつ買うか（または売るか）に左右されるため、投資家側の問題も大きくなります。

　ただ、経営がうまくいきROEが高まれば、ROIも上がる可能性が高まるので、投資家としては経営側に対してROEの向上を期待するのです。

なぜ日本でROEがブームになったのか

「伊藤レポート」のインパクト

　日本でもROEという言葉はここ5年ほどで急速に定着しました。ROEは別に新しい指標ではありません。私が習ったのは、35年以上も前に米国のビジネススクールに通っていたときです。

　実は1990年代半ばにも、ROEが日本の市場で大きな注目を集めたことがありました。

　バブル崩壊以前は、日本企業の株式の多くは取引のある会社や銀行が持っていたので、いわば仲間同士が株式を持ち合っている状況（「持ち合い」）でした。当然、お互いの経営に対してうるさいことは言いません。口も出さず、「物言わぬ株主」になっていたのです。

　その結果、経営者はたとえ株主が期待するほどの利益を出せていなくても、ある程度好きに経営をすることができました。また、株主への還元についても今ほど真剣には考えていませんでした。「株主のほうを向いた経営」をしていなかったのです。

　ところが、バブルが崩壊すると、体力を失った会社や銀行は保有株式をどんどん売却し、持ち合いの解消が進みました。代わって、株式の保有比率が急速に高まったのが外国人投資家です。今では外国人持ち株比率が半数を超える日本の上場企業も珍しくありません。

　外国人投資家の増加にともない、「もっと株主のほうを向いた経営をせよ」という声が強まります。彼らは日本企業に次のようなことを求めてきました。「会社は、積極的に投資をしたり、効率的に利益を稼ぐように努力したりして、株主の利益が高まるような経営をするべきだ」と。そこで、「株主から預かったお金を使って、ど

れだけ効率良く利益を稼いでいるか」を見るROEに注目が集まったわけです。

　ところが、ROE重視の経営が日本企業全般に広く定着したわけではありませんでした。実際、その後も日本企業のROEは欧米企業に比べて低い状態が続きます。当時から欧米企業の平均は10〜15％でしたが、10％を超える日本企業はほとんどありませんでした。

　ではなぜ、最近になってROEという言葉を目にする機会が増えたのでしょうか。大きなきっかけとなったのは、2014年8月に発表されたいわゆる「**伊藤レポート**」です。

　これは、経済産業省が中心となって進めた「持続的成長への競争力とインセンティブ〜企業と投資家の望ましい関係構築〜」プロジェクトの最終報告書のことです。同プロジェクトの座長を務めたのが一橋大学大学院経営管理研究科名誉教授の伊藤邦雄先生で、そこから通称「伊藤レポート」と言われています（伊藤レポートの問題点はあとで指摘します）。

　いったい、このレポートにはどのようなことが書いてあったのでしょうか。バブルが崩壊した1990年以降、日本経済は急速に冷え込み、長い間低成長が続いてきました。伊藤レポートでは、「その最大の原因は日本企業の利益効率が悪いことにある」と指摘しています。そこで同レポートは、「日本企業は**ROE8％**を最低ラインとして、その上をめざすべき」と具体的な目標を提示しました（利益効率とROEの直接的関係については、後にROEの分解式のところで詳しく説明します。ROEの式を分解すると、さらに深いことが見えてきます）。

　また、日本企業が稼ぐ力を取り戻すためには、「会社と投資家の関係を対立的にとらえるのではなく、『協創（協調）』的にとらえて、経営者と投資家がもっと対話すべきだ」という提言もしています。

　これは、投資家も、会社の成長をうながすように対話（engagement）

をするとともに、会社も、もっと株主のほうに向いた経営をしなさい、ということです。先ほども述べたように、日本企業は昔から内部志向が強く、株主のほうを向いていないということが長年指摘されていたためです。

　例えば取締役は、本来は株主の代理人である経営者など（業務執行を行う役員＝執行役員）がきちんと経営しているかどうかを「取り締まる」ものです。しかし、日本企業の取締役にそんなイメージはあまりありませんでした。社長の子飼いの取締役も多く、社外取締役は増えたものの、経営者と取締役の関係がなあなあという会社はいまだに少なくないのです。

　一方、特に米国企業では、取締役の大半が社外取締役ということも珍しくありません。それだけに、経営者が正しい意思決定をして、まともなパフォーマンスを出しているかということがシビアに問われます。場合によっては、即座に解任、ということもあります。こうした状態を「（コーポレート）ガバナンスが効いている」と言います。反対に、日本ではガバナンスがなあなあという会社も最近までは少なからずありました。

　グローバル経営と言われる時代、日本企業もなあなあの経営ではなくガバナンスをもっと強化し、それによって収益力を高め、株主を重視した経営をしていかないと、海外からの投資が集まりません。反対に言うと、そうした経営をしていけば、投資も集まるし、会社の収益力もさらに高まり、日本経済全体がもっと活性化していくだろう、というのが伊藤レポートの主旨だと私は考えています。

　そして、この提言と呼応するように、金融庁が動き出しました。日本企業の株式に投資している国内外の機関投資家に、会社との対話をうながす「**日本版スチュワードシップ・コード**」と、会社のガバナンスを強化するための「**コーポレートガバナンス・コード（企**

業統治指針）」を制定したのです。

　前者は、投資家に対してのもので、投資家は会社に対し長期的な発展をうながすための対話を重視するものとしています。また後者は、会社に対してのもので、東京証券取引所に上場する会社は独立した社外取締役を2人以上置くことなどを求めています。

外国人投資家の強力なプレッシャー

　さらに、外国人投資家に強い影響力を持つ、世界最大手の議決権行使助言会社ISS（Institutional Shareholder Services）も大胆な方針を打ち出しました。2015年版「議決権行使助言方針」の中で、「過去5年間の平均と直近決算期のROEがいずれも5％未満の会社については、経営トップの取締役選任議案に反対するよう株主にすすめる」という方針を発表したのです。

　つまり、**過去5期の平均ROEが5％を下回れば、社長をクビにするようプレッシャーをかける**、ということです。

　もう1つ、2014年1月に作られた新しい株価指数「JPX日経インデックス400」の存在も、ROE重視の流れに拍車をかけました。この株価指数は、日本経済新聞社、日本取引所グループ、東京証券取引所（当時）が共同で開発したもので、上場企業のなかから、3年間の平均ROEや累積営業利益、基準時の時価総額などを考慮して上位400銘柄を選んだものです。

　なぜ、この株価指数が重要なのかと言うと、日本銀行はアベノミクスの「異次元緩和」で上場投資信託（ETF）を買い入れていますが、JPX日経400に連動するETFも買い入れ対象として追加すると発表したからです。

　また、日本の年金を運用し、世界有数の投資家でもある年金積立金管理運用独立行政法人（GPIF）も、JPX日経400を運用インデッ

クスの1つに加えました。

　日銀は、異次元緩和の一環として、ETFを年間6兆円ほど買い入れてきました。また、160兆円ほどの規模を持つGPIFも日本株の運用比率を12%から25%まで引き上げたので、最終的には10兆円単位の資金が株式市場に流れ込みました。

　こうした背景から、上場企業にとって、JPX日経400に選ばれるかどうかは、自社の株価を大きく左右するポイントになる可能性があります。この株価指数に選ばれるためにはROEを高めることが必須のため、この意味でも上場企業は必死になりました。

　このような流れの中で、日本の上場企業は次々と具体的なROE数値を経営目標に掲げるようになっています。会社がROE目標を掲げることは、「これからは株主の存在を今まで以上に重く受け止める」「株主のリターンを重視する」というメッセージでもあります。それが新聞などで報道され、ROEという言葉を目にする機会が一気に増えたのです。その結果、日本でもROEが10%を超える上場企業が増加しています。

ROEとROA、どちらが大切か

　みなさんはROEとROA、どちらがより大切だと思いますか。

　結論から言うと、答えはROAです。これは、経営という観点から見るととても大切なことなので、しっかりと理解しておいてください。今、会社はこぞってROE目標を定めていますが、**ROEだけに焦点を絞ると健全な経営ができなくなるおそれがあります**。私はこの点を非常に懸念しています。

　では、なぜROAがもっとも大切な指標なのでしょうか。少し専

門的な話になりますが、ROEとROAの分解式を理解すれば、すぐに分かることです。ゆっくり読み進めてください。

復習になりますが、ROEは「純利益÷自己資本」で計算します。これを分解すると、図表6-1のような式になります。

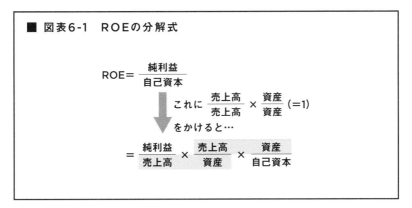

■ 図表6-1　ROEの分解式

次に、ROAです。ROAは「純利益÷資産」で求められます（ここでは説明を簡便にするために、純利益を使っています）。これも図表6-2の式に分解できます。ここにある「純利益／売上高」は「売上高利益率」、「売上高／資産」は「資産回転率」（第3章3節参照）です。

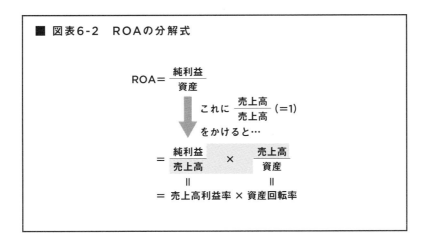

■ 図表6-2　ROAの分解式

ここでもう一度、ROEの分解式を振り返ってみてください。

ROEの分解式をよく見ると、最初の2つの項は、ROAの分解式とまったく同じです。最後の3つめの項の「資産／自己資本」は「**財務レバレッジ**」と呼ばれる数値です（のちほど説明）。

したがって、ROEは次の式にまとめられます。

$$\text{ROE} = \text{ROA} \times \text{財務レバレッジ}$$

■ 図表6-3　ROEとROAの関係

$$
\begin{aligned}
\text{ROE} &= \frac{\text{純利益}}{\text{売上高}} \times \frac{\text{売上高}}{\text{資産}} \times \frac{\text{資産}}{\text{自己資本}} \\
&\quad\quad\; \parallel \quad\quad\quad\quad\quad\quad \parallel \\
&= \quad \text{ROA} \quad \times \quad\; \text{財務レバレッジ} \\
&\qquad\qquad\qquad\qquad\qquad \vdots \\
&\qquad\qquad\qquad\qquad 自己資本比率の \\
&\qquad\qquad\qquad\qquad 逆数
\end{aligned}
$$

この式は、ROEとROAを理解するうえで非常に大切な部分になるので、しっかりと頭に入れてください。

この式を見ると、ROEを高めるためには、次の2つの方法があることが分かります。

①**ROAを高める**

②**財務レバレッジを高める**

先ほども登場した②の「財務レバレッジ（資産÷自己資本）」とは何でしょうか。よく見てみてください。第1章2節で出てきた「自己資本比率（自己資本÷資産）」と分子と分母が逆、つまり自己資本比

率の逆数になっています。つまり、**ROEは、同じ利益を出していても、自己資本比率が低いほど高まる**と言えるわけです。

　これも第1章2節で説明したように、自己資本比率は会社の中長期的な安全性を示すとても重要な指標です。したがって、財務の安定性を低めるほど、同じ純利益でもROEを高めることができるのです。

　少し話がややこしいので、説明を補足しておきます（図表6-4）。ここでは説明をかんたんにするために、「自己資本＝純資産」とします（つまり新株予約権や少数株主持分がないと想定。「ROE＝当期純利益÷純資産」で計算）。

　仮に資産が100、負債が50、純資産が50、それで当期純利益を10出した会社があるとします。このときROEは20％、自己資本比率は50％です。

　では、資産と純利益はそのままで、自己資本比率を10％にした場合、ROEはいくつになるでしょうか。

　負債が90、純資産が10になるので、ROEは10÷10で100％。つまり、同じ資産規模、純利益額でも、自己資本比率が低いほど（＝負債の割合が大きいほど）、ROEは高まるということです。

　「ROE＝利益効率」と、「自己資本比率＝安全性」は裏腹な関係にあるということが分かるでしょう。

　ちなみに、このケースでROAはどう変化するでしょうか。答えは「変化しない」。自己資本比率が50％でも10％でも、「ROA＝利益÷資産」は10÷100なので同じ10％になります。

■ 図表6-4　ROEと自己資本比率の関係

❶貸借対照表			❷貸借対照表		
資産　100	負債	50	資産　100	負債	90
	純資産	50		純資産	10

●いずれも純利益10の場合

	❶	❷
ROA（純利益ベース）	10%	10%
ROE	20%	100%

負債の割合が大きいほど
ROEが高くなる

ROAを高めてからROEを高めるのが本筋

　私は、ROEを軽視すべきだとは言っていません。むしろ反対で、株主還元のためにもROEは高めるべきです。

　ただし、優先順位としては、**ROAを高めることによってROEを高めなければならない**のです。単純にROEだけを高めようとして、財務レバレッジを高める（＝財務安定性を低める）のは、自己資本比率が高い会社でない場合、経営上、先にも指摘したように、安全性の観点から問題が生じるおそれがあります。経営者はこの点に注意しなければなりません。

　なお、「レバレッジ」とは「てこ」という意味ですが、ファイナンスの世界では「負債」、中でも「有利子負債」を指します。負債を利用することで収益を上げやすくするという意味で、負債がてこの役割を果たすと考えられているからです。

　高い自己資本比率を持っている会社は、自社株買いなどをして、

多少、自己資本比率を落としても問題はありませんが、大原則として経営者は、ROEよりもROAを高めることを念頭に置くべきなのです。

経営者は負債にも責任がある

　ROEよりもROAのほうが大切だという理由は、もう1つあります。

　経営者は資産をまかなうために、負債と純資産で資金を調達しています。ですから、**経営者は負債と純資産の両方に対して責任があり、それに見合ったリターンを出す必要があります**。それを示す指標がROAなのです。ROAは、資産全体に対する利益の割合です。

　会社は、自己資本（≒純資産）にだけ見合ったリターン（ROE）を出していればよいというものではありません。ROE第一ということは、株主を一番に考えているということであり、負債の出し手は二の次と考えているともとれます。

　これでは、負債を提供する社債権者や銀行に対して失礼ではないでしょうか。ですから、**「ROAを高めることによってROEを高める」という健全な考え方が、経営者には必要**なのです。

「高ROE企業＝優良企業」は本当か

　この見出しを見て意外に思った人もいるでしょう。たしかに、一般的にはそのとおりです。しかし、何事も一般論だけでは語れないことがあります。

　復習になりますが、ROEは「当期純利益÷自己資本」で計算されます。ROEを高める方法としては、①分子である「当期純利益」を上げる、②分母である「自己資本」を下げるという2つの方法がありました。

①と②の方法のどちらがいいかと言えば、当然うまく経営をして純利益を上げることでROEを高めること（①の方法）のほうが望ましいのですが、②の方法で手っ取り早くROEを高めることもできます。

　実際に今、多くの会社が行っているのは、②の方法の1つである「**自社株買い**」です。会社が市場に流通している自社の株式を買うのですが、これをするとなぜROEが向上するのでしょうか。第1章の復習も兼ねて説明しましょう。

　まず、会社が自社株買いをすると、貸借対照表の純資産の部の「株主資本」の中にある「自己株式」という項目に、その分だけマイナス額として計上されます。

　なぜ自社株買いを株主資本のマイナスとして計上するかというと、会社は購入した自社株をひとまずそのまま保有し続けるのが一般的ですが、将来的には消却することが多いからです。消却とは、文字どおり「消し去ってしまう」こと。将来消却される前提で、自社株を購入した時点でマイナスに計上することになっているのです。

　したがって、**自社株買いをすると、株主資本や自己資本はその分だけ減ります。つまり、自社株買いをするとROEの計算式の分母（自己資本）が減り、ROEが高まる**ことになるのです。

　また、自社株が将来的に消却されると、発行済株式数が減り、1株あたりの純利益は反対に増えます。1株あたりの純資産も増えます。1株あたりの純利益は配当の源泉ですから、それが増えれば当然株価は上がりやすくなり、リターンも増えるのです。

　1株あたりの資産が増えると、株主としての自分の持ち分の割合も増えます（会社法上、自社株には配当できません）。

　つまり、投資家から見ると、自社株買いは非常に有難いことなの

です。一方、会社にとってもROEが高まるメリットがあります。今、多くの会社が自社株買いを行っているのは、これが理由です。

安易な「自社株買い」の落とし穴

ただし、問題もあります。第1章の貸借対照表の説明で、「資産をまかなうために、負債と純資産で資金を調達している」と述べました。負債はいつかの時点で必ず返済しなければいけないもので、純資産は返済義務のないものでした。会社は負債が返せなくなったときに倒産します。

この理屈から、会社の中長期的な安全性を調べるために、「自己資本比率（自己資本÷資産）」という指標を見ると説明しました（第1章2節参照）。負債と純資産の割合を比べたときに、「純資産＝返済義務のないお金」の割合が多い会社、つまり自己資本比率が高い会社のほうが中長期的な安全性が高いのです。

もうみなさんは気づいたと思いますが、自社株買いをするとROEは高まりますが、自己資本は減るので自己資本比率が下がります。つまり、会社の安全性が低下してしまうのです。

先ほども説明したように、純資産（正確には自己資本）を減らすことなく、純利益だけ上げていけばROEは高まります。この方法であれば、まったく問題はありません。経営サイドはよくがんばったということです。

しかし、**手っ取り早くROEを高めようと自社株買いをやりすぎると、純資産が減少し、会社の安全性に問題が出てくる可能性があります**。安全性があまりに損なわれると、当然、会社がつぶれるリスクが高まるので注意が必要です。

十分に自己資本比率が高い会社なら問題はありませんが、それほど十分な自己資本を持たない会社が自社株買いをするのは問題で

す。今のところ、そこまでしてROEを高めようとしている会社は
ありませんが、今後、ROEを重視しすぎることで、このような事
態が起こる可能性も否定できません。つまり、「不安定な高ROE企
業」というケースも考えられるのです。

短期的な安全性にも問題が出る懸念

　自社株買いをする際には、もう1つ注意しなければならない点が
あります。会社は、ふつう、現預金を使って自社株を購入します。
現預金を減らしすぎると、会社の「短期的な」安全性にも問題が出
てくる可能性があります。

　会社の短期的な安全性を調べるためには、「手元流動性（（現預金
＋有価証券などのすぐに現金化できる資産＋すぐに調達できる資金）÷月
商）」が何カ月分あるかを計算します（第1章2節参照）。

　繰り返しになりますが、会社は、負債を返済するためのお金がな
くなったときにつぶれます。現預金や有価証券などの「すぐに現金
として使える資産」が減ると、短期的につぶれる可能性が高まって
しまうのです。

　では、現預金を減らさずに、銀行からお金を借りて自社株を買え
ばいいのでは、と考える人がいるかもしれません。しかし、借入れ
をすると負債が増えてしまうので、自己資本比率がより下がってし
まいます。

　ですから、ある一定限度を超えて、安全性を犠牲にしてまで
ROEを高めることは、経営としては健全ではないと言えます。高
い自己資本比率と潤沢な資金を持っている会社であれば、少々自己
資本比率を下げて自社株買いをしても問題はありませんが、自己資
本比率が低い会社は注意しなければなりません。

　投資家の立場から考えても、会社がつぶれてしまっては元も子も

ありません。そもそも、ROEは直前の期末の当期純利益と自己資本から計算されますから、状況によっては、短期的な指標でしかありません。会社が将来的な安定性を損なっていないかという点も、同時に見るようにする必要があります。

　また、本来、長期的な投資などに使うはずの資金を、ROEを高める目的のために自社株買いで使うのも当然、問題があります。

　ただ、投資家は、短期投資で稼ごうとしている人も少なくありません。先に説明した「日本版スチュワードシップ・コード」では、投資家に会社の長期的な発展をうながすことを求めていますが、現実には、そこまで会社の中長期的な未来を考えている投資家は少ないのが実状ではないでしょうか。

　機関投資家のファンドマネージャーは、3カ月程度のスパンでパフォーマンスを評価されることも少なくないので、短期でもうけなければ、クビになるか減給になってしまいます。

　このような投資家もいるのですから、投資先の会社の5年先、10年先のことなど考えていない場合も多いでしょう。また、「長期的な」成長を望むという場合でも、それが、2年なのか、5年なのか、はっきりしないことも少なくありません。

　会社の経営層は、短期的なリターンやROEの向上を期待している投資家たちからしばしばプレッシャーをかけられており、安易にROEを高めようとして、長期的な会社経営に大きな間違いを起こしかねないのです。

　ROEを短期的に高める別の方法は、コストカットをすることです。

　繰り返しになりますが、ROEを高めるには、純利益を上げるか、自己資本を減らすかという2通りのやり方があります。そこで、人件費などのコストを一気に削減すれば、すぐに純利益が上がりま

す。

　第3章で損益計算書を説明しましたが、最終的な利益である当期純利益は、売上高から原価、販管費、特別損失などの費用を差し引くことで算出されます。この中で、企業努力によって削減できるのは、多くの場合、原価や販管費です。製造業の原価や販管費の多くを占めるのは人件費なので、そこを減らせば、すぐに純利益を上げることができます。

　しかし、「すぐにROEを高めたい」という短絡的な思考で人件費を削減すると、非正規雇用の人ばかりが増えたり、企業価値を生み出す源泉である社員がやめたりモチベーションを下げたりすることも考えられます。これでは中長期的な発展は望みにくいでしょう。

　このように、短期的なROEだけを考えてしまうと、中長期的な会社の安定性や、社員の問題に十分配慮した経営ができなくなる可能性があることを十分に認識しておく必要があります。

　高ROEの会社は、一般的には優良企業です。特に株主の目には、非常に良い会社に映ります。しかし、繰り返しになりますが、中長期的なことを十分に考えて経営されているかどうかもセットで見なければ、会社も、そして株主も結局は損をしてしまうのです。

実際の会社のROEとROAを見てみよう

　ここで、具体的にいくつかの会社のROEとROAを比較してみましょう。ROEとROAは、各社の決算短信のほかに、日本経済新聞電子版（日経電子版）や会社四季報オンライン、Yahoo!ファイナンスなどでも調べることができます。ただし、計算式や考え方だけは必ず理解しておいてください。

　ここでは、Zホールディングス、信越化学工業、セブン＆アイ・ホールディングス、ファーストリテイリングの4社の数字を比較し

ます。

■ 図表6-5　4社のROE、ROA、自己資本比率の比較

	ROE（%）	ROA（%）	自己資本比率（%）
Zホールディングス	10.5	2.0	19.6
信越化学工業	11.8	9.7	82.1
セブン&アイ・ホールディングス	8.3	3.6	43.3
ファーストリテイリング	9.4	3.7	39.6

※Zホールディングス、信越化学工業は2020年3月期、セブン&アイ・ホールディングスは2020年2月期、ファーストリテイリングは2020年8月期決算から計算。
※ここでは、自己資本比率は「自己資本÷資産」で計算。ROEは「親会社株主に帰属する当期利益÷自己資本」で計算。ROAは「親会社株主に帰属する当期利益÷資産」で計算。

　Zホールディングスは、PayPay銀行やアスクル、ZOZOなど多くの会社を持つ複合体です。もともとはヤフーを中心としていました。かつてヤフーは、ROEが20％程度、ROAが15％程度、自己資本比率が70％を超える抜群の財務内容でしたが、Zホールディングスとして複合体となったことで資産が巨大化し、その分、ROE、ROAの水準が大きく変わりました。

　重厚長大産業である信越化学工業は、11.8％という高いROEを計上しています。ROAも高く、自己資本比率も高くなっています。3兆円を超える資産を保有しており、製造業では一般的に減価償却費などの「固定費」が多いのですが、高い収益力と安全性を誇っています。

　一般的に製造業の場合、景気の波などによって一時的に業績が大きく振れることもあり、**ROEやROAは過去数年から10年程度の推移を見る**と良いでしょう。伊藤レポートでも、ROEやROAは中長期的に見なければならないと指摘しています。

セブン＆アイ・ホールディングスやファーストリテイリングはそれぞれ業種が違いますが、ROE、ROA、自己資本比率は似たような数字です。自己資本比率が信越化学工業のように高い業種では、ROAが高くてもROEはなかなか上がりにくいのですが、自己資本比率が信越化学工業のように抜群に高い場合を除いて、ROEは比較的高くなりやすいのです（前述のとおり、「ROE＝ROA×財務レバレッジ」。財務レバレッジは自己資本比率の逆数）。

　ここで、貸借対照表の構造を思い出しましょう。繰り返しになりますが、資産の部は、業種によって内容が異なります。小売業や卸売業だと在庫などのたな卸資産があり、製造業だと建物や機械などの固定資産が多く計上されています。しかし、右サイドの負債と純資産は、どの業種でもほぼ同じような勘定科目が並びます。

　銀行や投資家は、右サイドの負債と純資産にお金を入れます。特に投資家は、会社がどんな事業を行っているかということよりも、自分が預けたお金に対してどれだけリターンを生んでいるか、あるいは、将来的にリターンを生むのかを重視しています。考えるのはその点だけです。

　貸借対照表の右側は、ある意味、非常に冷酷なのです。

　すると、百貨店のように、あまりリターンを生まない業種はどうなるのでしょうか。投資家はよりリターンが高い業種や会社に投資するようになるので、百貨店への投資額はどんどん減っていく可能性があります。あるいは、十分なリターンを期待できる水準まで株価が下がることになります。

　すぐに立ちいかなくなることはないし、個別の百貨店ごとに業績は違いますが、全体としては、このままでは厳しい状況が続くことになりかねません。

「資本コスト」で
めざすべき目標を決める

　先ほど、「ROAを高めていくことでROEも高まる、という経営がもっとも健全」と説明しました。では、どのくらいのROAをめざせばよいのでしょうか。

　これを知るうえでカギとなるのが、**「資本コスト」**という考え方です。この言葉、どこかで一度は目にしたり耳にしたりしたことがあるのではないでしょうか。しかし、その意味するところをきちんと説明できる人はほとんどいないでしょう。

株主から調達したお金はコストが高い

　資本コストというのは、一言で言えば資金の「調達コスト」です。資金とは負債と純資産の合計です。

　まず復習ですが、貸借対照表の構造を思い出してください。会社が事業を行うためには、「資産」が必要です。その資産を購入するためには、「負債」という形と「純資産」という形で資金を調達しなければなりません。

　このようにして資金調達をするとき、当然ですが、「調達コスト」がかかります。**負債の場合、調達コストは「金利」です。**

　負債には、借入金や社債などの有利子負債と、買掛金などの無利子負債があります。銀行から借り入れたり社債を発行したりする場合、金利が発生します。有利子負債です。

一方、無利子負債には金利がかかりませんから、コストは発生しません。したがって、負債の調達コストは有利子負債の「金利」ということになります。

　一方、純資産の調達コストは何でしょうか。講演やセミナーでこの質問をすると、多くの方が「配当」と答えます。決して間違いではありませんが、それだと配当をしない会社はコストがゼロということになります。正しい答えは「**株主の期待利回り**」。株主が預けている資金に対して期待する利回りが、純資産の調達コストと考えられています。

　少しややこしいかもしれませんが、とても重要なことなので、さらに説明を続けます。復習ですが、多くの会社にとっては、純資産の大半を占めるのは「株主資本」です。

　株主が会社に出資したお金は、株主資本にある「資本金」と「資本剰余金」に入ります。会社は、株主から入れてもらった資金を使って利益を出すわけですが、その利益の蓄積が「利益剰余金」です（第2章3節）。つまり、資本金、資本剰余金という元手によって、利益剰余金という果実を生み出すのです。

　いずれにしても、これらを含む純資産は株主のもの。そして、株主は純資産を会社に預けているわけですから、それに対して期待する利回り（＝「期待利回り」）があるわけです。それを調達コストと考えます。

　そして、**この純資産の調達コストである「株主の期待利回り」は、「国債金利＋α」で計算されます**（図表6-6）。

　株主が預けている純資産が、もし国債と同じ利回りしかなかったら、株主はお金をリスクのある会社に預けておく必要はありません。自分で国債を買って運用すればいいでしょう。特に機関投資家はそうです（現実には国債にもリスクはありますが、ファイナンス理論上は

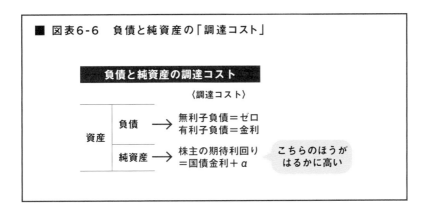

■ 図表6-6　負債と純資産の「調達コスト」

リスクがない安全な資産と仮定されています)。

　なぜ、株主が会社に出資をするかというと、リスクは国債よりも高いけれど、その分、国債より高い利回りが期待できるからです。そのインセンティブが「＋α」の利回りです。これを「**リスクプレミアム**」と言います。

　この「＋α」は会社によってさまざまです。その会社の株式の変動率（少し難しい言葉で「ボラティリティ」と言います）などにもよりますが、数％から10％以上まであります。株価の変動率が大きい会社ほど大きくなっています。純資産の調達コストは、優良企業でも5％程度はかかっていると考えていいでしょう。

　そして、ここが重要なのですが、**負債の調達コストよりも、純資産の調達コストのほうがはるかに高い**のです。

　なぜなら、有利子負債の調達コストは、多くの会社で今なら1％程度です。優良企業なら1％を大きく切ります。それも、先に説明したように、負債には有利子負債と無利子負債があるため、負債全体の調達コストはそれらの加重平均となり、さらに下がることになるためです。今ではほとんどの会社で0％台です。

　純資産の調達コストは、正確には「**CAPM**（Capital Asset Pricing Modelの略。「**キャップ・エム**」と呼ばれる）」という定義に従って計算されます。基本的には、「国債金利＋α」で計算しますが、詳しい計算式に興味があったら、以下を読んでください。

　「国債金利＋α」ということだけ理解していれば通常は問題ないので、煩雑ならこの項を読み飛ばしても大丈夫です。

　CAPMは以下の計算式になります。

$$\mathrm{Rf} + \beta\,(\mathrm{Rm} - \mathrm{Rf})$$

　ここで、Rfは国債金利で、リスクフリーレートです。β（ベータ）は、当該会社の株式が、市場の動きに対してどれくらい反応するのか（例えば、株式市場全体が1％動くときに、当該会社の株式が2％変動するのであれば、βは2ということになります）を表す、先に説明したボラティリティです。

　そして、（Rm − Rf）のRmは株式市場全体の利回りです。そこからRf（国債金利）を引いているのは、株式市場全体の利回りが、国債金利よりどれくらい高いかを表すためです。つまり、株式市場全体のリスクプレミアムです。

　長期的には、リスクがある株式市場に投資する場合、安全資産である国債よりも高い利回りでないと、投資家は株式市場に投資しないでしょう（短期的には必ずしもそうとは言えない場合があります）。そのプレミアムを表しています。

　さらに、これにβを掛けたものが、その会社のリスクプレミアムとなります。先に説明した「国債金利＋α」の「α」部分です。

　この点、各社の β の数字が違うため、純資産の調達コストは異なります。したがって、伊藤レポートで、一律にROE8％を求めることは理論的には問題があります。個別企業に求められるROEは違ってしかるべきだからです。

　しかし、企業経営全体にインパクトを与えたという観点から見れば、効果的であったことは間違いありません（さらに詳しい説明が必要な方は、ファイナンスの専門書を読んでください）。

会社には調達コストを上回る利益が必要——「WACC」

　会社はどのくらいのROAをめざせばいいのでしょうか。これを測るのが「WACC（加重平均資本調達コスト）」という概念です。「Weighted Average Cost of Capital」の略で、「ワック」と呼ばれます。

　WACCとは、一言で言うと、負債と純資産全体の調達コストのことです。より正確に言うと、負債の調達コスト（X％）と純資産の調達コスト（Y％）を加重平均したものがWACCです。「Z％」というように、単位は％で表します。

　負債の調達コストは、有利子負債の金利です（計算上は、有利子負債と無利子負債を加重平均したものになります）。純資産の調達コストは、先に説明した株主の期待利回り（国債金利＋α）です。

　大切な点は、**WACCは「資産をまかなうための資金（負債と純資産）を調達するときにかかるコストが何％あるか」を示したもの**だということです。

　先にも説明しましたが、通常は、負債の調達コスト（X％）よりも、純資産の調達コスト（Y％）のほうが高くなります。そのため、自己資本比率が高くなると（つまり純資産の割合が大きくなると）、会社のWACCも高くなります。

では、WACCが高くなると、会社には何が求められるのでしょうか。

　WACCは、資産をまかなうための資金の調達コストですから、資産を使って得られるべき利益も、それに応じて高くなります。**「WACCが高い＝高いリターンを期待される」**というわけです。

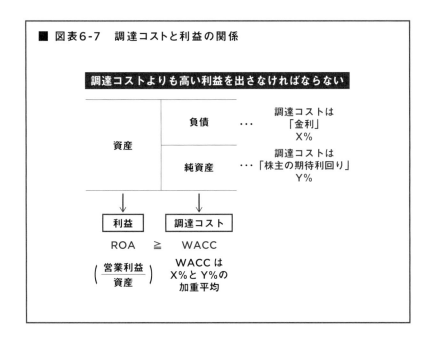

■ 図表6-7　調達コストと利益の関係

ここで、資産に対する利益率はROA（利益÷資産）になります。このROAは、WACCより高くならなければなりません。資産をまかなうための資金の調達コストよりも、高い利益率を出さなければならないからです。

　ちなみに、この場合のROAは、「営業利益÷資産」で計算します。負債の調達コストは金利ですから、WACCと比較する際には、金利を支払う前の利益、「営業利益」と比べないといけません（煩雑

になるのでここでは税金は考慮しません）。

まとめると、次のようになります。

ROA（営業利益ベース）≧ WACC

この条件を満たさなければ、株主は会社の事業を評価しないので、株価も低迷する可能性が高くなります。

この点を考えると、**会社（特に上場企業）にとっては、自己資本比率をある一定以下に抑えたい（純資産の割合を抑えたい）というインセンティブがはたらきます**。繰り返しますが、自己資本比率が高くなると、純資産の比率が大きくなるため、WACCが上昇し、その分、期待される利益も大きくなります。

このように自己資本比率を抑えると、実は、ROEを高めることにもつながります。復習ですが、ROEは、「ROA×財務レバレッジ」で計算されます。財務レバレッジとは、自己資本比率の逆数なので、自己資本比率を下げるほどROEは高くなります。

ROE ≧ 株主の期待利回り（国債金利 + α）

株主の期待利回りの平均は、日本では7％程度です。つまり、ROEを8％以上にすれば、調達コストを越えていると言えるのです。これが「目標ROE8％以上」の根拠です。

ただし、先ほども説明したように、「国債金利＋α」の「α」は個別企業によって違います（先に説明した「β」値が違うため）。一律に7％とは言えません。そうした点において、一律に8％のROEを求めるのは少々短絡的とも言えます。

トヨタはなぜ多額の有利子負債を持つのか

WACCに関連して、1つ興味深い事例を紹介します。トヨタ自動車です。

多くの人は、トヨタが無借金経営だと思っているかもしれませんが、実際はどうでしょうか。

トヨタの2020年3月期の貸借対照表（米国基準）を見ると、負債の部には合計で20兆5,529億6,900万円もの有利子負債が計上されています（「短期借入債務」＋「1年以内に返済予定の長期借入債務」＋「長期借入債務」）。資産合計は52兆6,804億3,600万円ですから、有利子負債の割合はかなり高いと言えます。意外と多く有利子負債を持っているのです。

一方、資産の部を見ると、現金及び現金同等物、定期預金、有価証券、金融債権、長期金融債権だけでも22兆7,354億9,800万円あります。

トヨタが世界中で事業を拡大しており資金需要が旺盛ということもあるでしょうが、私は、本当の理由は別にあるのではないかと考えています。それが、先ほど説明したWACCの問題です。

トヨタは、年間1兆円単位の純利益を稼ぎ出すので、何もしなければ利益剰余金が貯まっていき、純資産がどんどん増えてしまいます。

純資産の調達コストが負債よりはるかに高いことは説明しましたが、純資産が増えれば、WACCもどんどん上がり、期待される利益の水準が高くなってしまいます。当然、その期待に応えられなければ、株価が落ち込むおそれがあります。

そこで、**トヨタはあえて有利子負債を調達して、貸借対照表の両サイド（資産の部と負債の部）をふくらませることで、純資産の割合**

■ 図表6-8　トヨタ自動車 2020年3月期 貸借対照表（負債の部、資産の部）

	前連結会計年度 （2019年3月31日）	当連結会計年度 （2020年3月31日）	増減
負債の部			
流動負債			
短期借入債務	5,344,973	5,286,026	△58,947
1年以内に返済予定の長期借入債務	4,254,260	4,574,045	319,785
支払手形及び買掛金	2,645,984	2,434,180	△211,804
未払金	1,102,802	1,020,270	△82,532
未払費用	3,222,446	2,926,052	△296,394
未払法人税等	320,998	218,117	△102,881
その他	1,335,475	1,443,687	108,212
流動負債合計	18,226,938	17,902,377	△324,561
固定負債			
長期借入債務	10,550,945	10,692,898	141,953
未払退職・年金費用	963,406	978,626	15,220
繰延税金負債	1,014,851	1,043,169	28,318
その他	615,599	821,515	205,916
固定負債合計	13,144,801	13,536,208	391,407
負債合計	31,371,739	31,438,585	66,846
資産の部			
流動資産			
現金及び現金同等物	3,574,704	4,190,518	615,814
定期預金	1,126,352	828,220	△298,132
有価証券	1,127,160	678,731	△448,429
受取手形及び売掛金 　＜貸倒引当金控除後＞	2,372,734	2,094,894	△277,840
貸倒引当金残高：2019年3月31日 　　　　　16,370百万円 　　　　　2020年3月31日 　　　　　23,944百万円			
金融債権＜純額＞	6,647,771	6,614,171	△33,600
未収入金	568,156	564,854	△3,302
たな卸資産	2,656,396	2,434,918	△221,478
小計	24,836,784	24,457,088	△379,696
減価償却累計額＜控除＞	△14,151,290	△13,855,563	295,727
有形固定資産合計	10,685,494	10,601,525	△83,969
資産合計	51,936,949	52,680,436	743,487

単位：百万円

（＝自己資本比率）を抑え、WACCを下げているのではないでしょうか（図表6-9）。

　超優良企業ゆえの悩みと言えます。ちなみに、トヨタの自己資本比率は一貫して30％台後半（2020年3月期で38・1％）をキープしてい

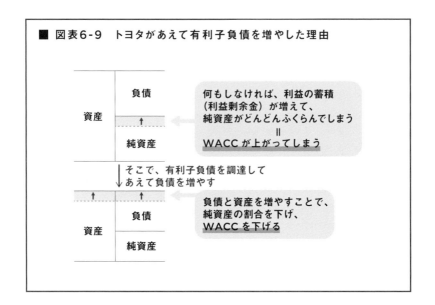

■ 図表6-9　トヨタがあえて有利子負債を増やした理由

何もしなければ、利益の蓄積（利益剰余金）が増えて、純資産がどんどんふくらんでしまう
＝
WACC が上がってしまう

そこで、有利子負債を調達してあえて負債を増やす

負債と資産を増やすことで、純資産の割合を下げ、WACC を下げる

ます。

　さらに自己資本比率を下げれば（＝財務レバレッジを高めれば）、ROEも高まります。トヨタは業績に応じて配当を続けています。これはもちろん、高収益と2020年3月期で23兆円を超える利益剰余金を保有することにもよりますが、WACCとROEに配慮した部分もあったと考えられます。

　配当して純資産の割合を下げれば、WACCが下がり、さらには自己資本比率も下がることで、ROEを高めることができます。

ROEを軽視してはいけない。でも振り回されてはいけない

　米国では、日本よりずいぶん前からROEを重視した経営が行われてきました。ただ、米国の一部の会社では、ROEを追求しすぎて、過度なリストラや自社株買いを行うことも見受けられます。

　日本では、今のところそういった会社はあまり見かけませんが、

同じことが起こらないことを願います。

　ピーター・ドラッカー氏は、「会社の一義的な存在意義とは、社会に対して自社特有の貢献をすることだ」と言っています。良い商品やサービスを通しての貢献です。それなしでは、会社は存在しえません。

　また、ドラッカー氏はこうも言っています。「社会は人の幸せのために人がつくりだしたものだ」。

　かつて、世界が農業を中心として伸びていた時代は、人にとって「家」や「地域」が社会そのものでした。ところが、今は、ほとんどすべての人にとって、もっとも社会とかかわっている場所は「所属している組織」です。会社員であれば会社、公務員であれば役所です。その組織が、働く人を幸せにしていないのであれば、社会との関係で自己矛盾が生じるのです。

　したがって、経営者は次の2つのことを考えなければなりません。**1つめは、良い商品やサービスを提供することで、お客さまに喜んでもらい、社会に貢献できているかということ。2つめは、会社で働く社員を幸せにしているかということ。**

　ROE経営が行きすぎてしまうと、これら2つの点を軽視してしまうおそれがあります。短期的な利益をあまりに追求すると、商品やサービスの質が極端に落ちて、結果的にお客さまを軽視する風潮にならないとも限りません。お客さまをもっと大切にして利益を上げようということであれば問題ありませんが、利益が最優先になってしまうと、本末転倒になってしまいます。

　「日本版スチュワードシップ・コード」でも、投資家は会社の「持続的成長」のために会社と「対話する」ことが求められています。

　また、過度なリストラや人件費削減を行えば、会社をクビになっ

たり、給料が下がったりするわけですから、会社で働く人たちは幸せになれません。最終的な利益を短期的に追求しすぎると、本来あるべき経営が無視されてしまう可能性があります。

このことは、経営破綻寸前までいき、かつグループ企業の大規模な再編を迫られた東芝の例を見るまでもなく明らかでしょう。

ROEを高めることは悪いことではありませんが、経営とは本来どういうものであるべきかを考えないと、会社も社会も幸せにはなれません。短期的な利益を追求すれば、一時的に株主は幸せになるかもしれませんが、社会貢献ができない会社はいずれ立ちいかなくなるため、結局、長期的には株式を保有する株主も幸せになれません。

とはいえ、ROEを軽視していいと言っているわけではありません。これは多くの日本企業に言えることですが、キャッシュをたくさん持っているにもかかわらず、有効活用せずにため込むのは良くありません。社会から預かっている資源が有効に活用されていないことになるためです。

資源を有効活用すること、効率的な経営をすること、安全性を考えること。会社を経営するときは、このバランスが非常に大切です。

そして、そのバランスを取っていくうえで重要な指針となるのが、本書でここまで詳しく紹介してきたさまざまな経営指標です。**指標に振り回されないためにも、それぞれの指標が意味するものをしっかりと理解するとともに、経営の本質も理解してください。**

ROEやROAの次に
注目される指標「EVA」

　これまで、ROEとROAについて説明しました。ROEばかりが注目されてきましたが、今後、**確実にクローズアップされる指標は「EVA」**だと私は思います。

　本書の最後に、EVAについて説明します。米国のスターン・スチュワートという会社が企業業績を評価する指標として考案し、商標登録をしています。

ROA、WACCと似ている点、異なる点

　EVAは「会社が生み出す経済的価値を測る指標」です。では、どのように経済的価値を測るのでしょうか。

　結論から言うと、EVAはWACCとほとんど同じ概念です。かんたんにWACCの復習をしましょう。図表6-7をもう一度見てください。右サイドにある負債の調達コストは「金利」、純資産の調達コストは「株主の期待利回り（国債金利 + a）」です。この2つの調達コストを加重平均したものがWACCでした。

　株主は、これを上回るROA（営業利益÷資産）を求めていると説明しました。WACCは、資産全体にかかる調達コストを計算したものです。

　一方、ROAは資産全体がどれだけの利益（WACCと比較する場合は営業利益）を生んでいるかを見る指標ですから、この2つが比べられ

るのです。どちらも率（％）で計算します。

　では、EVAの説明に入ります。EVAは一言で言うと、調達コストと利益を「実額」で見ているのです。これまで、「負債の調達コストはX％」「純資産の調達コストはY％」と「率」で説明してきましたが、これを実額に換算したものがEVAです。

　先ほど、「株主はWACCを上回るROA（営業利益ベース）を期待している」と説明しました。これを式に表すと、図表6-10のとおりです。

■ 図表6-10　EVAの考え方

〈EVAの考え方〉

ROA　　≧　WACC

$\dfrac{営業利益}{資産}$　≧　WACC

↓　両辺に「資産」をかける

営業利益　≧　資産×WACC

資産全体にかかる
調達コストの「実額」

↓　右辺を左辺に移項する

営業利益－資金調達コスト（実額）　≧　0

↓

EVA

　以上の考え方から、EVAが次の式として導き出されます。

EVA ＝ 税引き後営業利益 － 総資本調達コスト

　EVAがゼロより大きければ、営業利益が資金調達コストをカバーできているということです。ゼロより小さければカバーできていないということになります。

　ただ、式にもあるように、正確には「税引き後営業利益」で計算します。先ほどは、考え方をシンプルにするために営業利益を使いましたが、考え方は同じです。みなさんは、考え方まで理解すれば十分です。

　以上より、「EVA ≧ 0」は「ROAはWACCより高くなければならない」と言っているのと同じです。**「率（％）」で示す場合はROAとWACCを比べ、「実額」で示す場合は「EVAと営業利益」を比べる**、というだけの違いです。

EVAがもたらす大きな経営効果

　EVAの考え方は、ROAとほとんど同じです。EVAが「実額」で考えるのに対し、ROAは「率」であるという違いしかありません。

　では、なぜ実額が大事かというと、会社の規模によって実額が大きく異なってくるためです。

　例えば、三井物産と、私が経営する社員17名の小さなコンサルティング会社のROA目標が同じだったとします。このとき、目標を実額に換算するとどうなるでしょうか。

　三井物産は私の会社より事業規模がケタ違いに大きいので、実額はまったく異なります。ここで、率で測るROAとWACCの比較だけでなく、実額で見るEVAが必要になるのです。

　会社間だけでなく、社内の事業部門同士でも、率だけでなく、額でも見るほうが会社全体の事業ポートフォリオ戦略を立てやすいことは言うまでもありません。

　また、事業を行う側から見ても、**EVAのほうが分かりやすく、**

実感を持ちやすいのです。「ROA10％をめざしましょう」というのと、「100億円稼ぎましょう」というのでは、受け取り方が違います。特に部門ごとの目標を定める場合は、実額のほうが分かりやすいでしょう。

　すでにEVAを導入している会社も多くあります。例えば、パナソニックは2015年4月から、事業部ごとに「資本コストを上回る利益を上げているか」という目標を定め、利益率や資本効率の向上をめざしています。

　これはまさにEVAと同じ考え方です。今後は、パナソニックのように事業部ごとにEVA目標を定める会社が増えていくのではないでしょうか。以前から、EVAで業績管理をしている会社も少なくありません。

　これまでROEばかりが注目されてきましたが、今後はROA、EVAにも注目が集まるようになるでしょう。ROEは、ここまで説明してきたように、純資産（自己資本）に対するリターンに注目するものですが、企業経営においては、純資産だけでなく、資産全体に対するリターンも考えなければなりません。

　先にも説明したように、資産全体を考えることは、純資産のリターンを考えることにも当然つながるからです。純資産だけを考えるのではなく、資産全体のリターンを考えるほうが健全なことは言うまでもありません。

　今後は、新聞やニュースなどでROAやEVAといった指標を見かけることが増えるのではないでしょうか。ROEを高めようという流れが加速すると、経営者はROAとEVAを重視せざるをえなくなるからです。

経営指標は「人や社会を幸せにする経営」実現のための道具

　これまで、財務諸表の基本的な読み方から始まり、財務3表を使った会社の「安全性」「収益性」「将来性」の分析方法、ROEとROAの考え方、損益分岐点分析や原価計算といった管理会計の手法、さらにDCF法、EBITDA倍率、EVAなど上級者向けの指標まで、経営層をめざすビジネスパーソンが最低限押さえておきたい経営指標や会計知識を説明してきました。

　本書の最後でみなさんにお伝えしたいことは、ここで紹介した**さまざまな経営指標を良くすることは経営の最終目的ではない**、ということです。**あくまでも「目標」なのです。**

　先にも説明しましたが、会社の存在意義は、次の2つを実現することです。

①（できれば独自の）商品やサービス、価格を提供することで、お客さまを幸せにし、社会に貢献すること
②会社で働く従業員たちを幸せにすること

　経営やその指標は、この2つを実現するための道具（手段）や達成度合いを測るものにしかすぎません。

　「それならば、小難しい会計や経営指標など別に学ばなくても、お客さまと社員のためになることだけを考えて経営や部門運営をしていけばいいではないか。ここまでがんばってこの本を読んできた意味はなんだったのか」と思った方もいるかもしれません。

　私は、経営指標や会計に関する知識はあくまでも道具であると言っているだけで、それが必要ないわけではありません。

　みなさんの地位が上がれば上がるほど、本書で解説してきた経営

指標の重要性が分かるでしょう。そのとき、あなたがどんなに「社会（お客さま）や社員（部下）を幸せにする経営や仕事をしよう」と強く思っていても、こうした指標＝目標がなければ、その経営が正しいのかどうかは分かりません。他社との比較もできません。

　一方、今後、日本企業のコーポレート・ガバナンスが強化されていけば、さらに、目標達成（「目的」達成ではない）が今以上に求められることにもなります。

　かといって、指標＝目標を達成することだけしか考えなければ、社会や社員を幸せにするという、あるべき経営の姿からどんどん外れていってしまうおそれがあります。

　先にも説明したように、例えばリストラを一気にやれば、短期的にはROEを高めることができます。しかし、株主からどんなにROEを高めろと要求をされても、よほどの事態でない限り、そんなことはやるべきではありません。会社が持続的に発展できなければ、株主、特に長期保有の株主の利益も結果的に害することになりかねません。

　ここまで、会計や指標についてかなり詳細に説明したので、日々の仕事や経営を行っていくうえでは、これくらいの知識があれば十分でしょう。

　ここまで勉強したみなさんにとっては、あとは慣れの問題です。本書で学んだ基本をベースに、多くの財務諸表や指標を見て、数字に慣れて、それを自分で扱えるようになってください。

　そのうえで、良い会社を作り、働く人や社会に貢献していただきたいと思います。長年、経営コンサルタントをやってきた私の切なる願いです。

小宮一慶 （こみや・かずよし）

経営コンサルタント。株式会社小宮コンサルタンツ代表。十数社の非常勤取締役や監査役、顧問も務める。1957年、大阪府生まれ。81年に京都大学法学部卒業後、東京銀行（現・三菱UFJ銀行）入行。在職中の84年から2年間、米ダートマス大学タック経営大学院に留学、MBA取得。91年、岡本アソシエイツ取締役に転じ、国際コンサルティングにあたる。その間の93年初夏には、カンボジアPKOに国際選挙監視員として参加。94年からは、日本福祉サービス（現・セントケア・ホールディング）企画部長として在宅介護の問題に取り組む。96年に小宮コンサルタンツを設立し、現在に至る。2014年に名古屋大学経済学部客員教授に就任。

著書は、『小宮一慶の実践!マーケティング』『小宮一慶の「日経新聞」深読み講座2020年版』『日経ビジネス人文庫 「一流」の仕事』（以上、日本経済新聞出版）『日経新聞の数字がわかる本』（日経BP）『「1秒!」で財務諸表を読む方法』（東洋経済新報社）『どんな時代もサバイバルする会社の「社長力」養成講座』（ディスカヴァー携書）『あたりまえのことをバカになってちゃんとやる』（サンマーク出版）など多数。

プロがやっている
これだけ! 会計&会社分析

2021年5月17日　　1版1刷

著者	小宮一慶
発行者	白石 賢
発行	日経BP
	日本経済新聞出版本部
発売	日経BPマーケティング
	〒105-8308 東京都港区虎ノ門4-3-12
ブックデザイン	山之口正和 + 沢田幸平（OKIKATA）
DTP	マーリンクレイン
著者写真	新木宏尚
印刷・製本	中央精版印刷
	ISBN978-4-532-32405-6